Je suis... comme je suis

NAOMI NASH

106

Je suis... comme je suis

NAOMI NASH

PRESSES AVENTURE

Paru sous le titre original : *I am so jinxed!*
Publié par Presses Aventure, une division de
LES PUBLICATIONS MODUS VIVENDI INC.,
55, rue Jean-Talon Ouest, 2e étage
Montréal (Québec)
H2R 2W8.

Traduit de l'anglais par : *Jean-Robert Saucyer*
Illustration de la couverture : *Roselyne Cazazian*
Montage infographique : *Modus Vivendi*

Dépôt légal - Bibliothèque et Archives nationales du Québec, 2007
Dépôt légal - Bibliothèque et Archives Canada, 2007

ISBN 13 : 978-2-89543-745-1

Nous reconnaissons le soutien financier du gouvernement du Canada par l'entremise du Programme d'aide au développement de l'industrie de l'édition (PADIÉ) pour nos activités d'édition.

Gouvernement du Québec – Programme de crédit d'impôt pour l'édition de livres – Gestion SODEC

Imprimé au Canada

Je suis... comme je suis

NAOMI NASH

Chapitre un

Juste au-dessus de sa lèvre supérieure, la directrice adjointe Oostergard arborait une verrue rouge qui me faisait penser à une coccinelle. Je reprends du début : Supposons que de grands bonzes d'Hollywood aient eu à concocter un scénario de film d'horreur à propos de savants fous s'ingéniant à croiser des abeilles tueuses et des coccinelles (pour en faire quelque chose comme des « coccibeilles », j'imagine) et qu'ils auraient eu besoin d'un modèle plus vrai que nature. Eh bien, moi, je connaissais une directrice adjointe qui aurait pu fort bien leur servir de modèle avec sa grosse coccinelle affublée d'un énorme poil noir.

« Vickie ? » Si le son de mon prénom que l'on massacre n'avait pas suffi à me sortir de ma torpeur, le carillon de la cloche de 11 h 10 n'aurait pas manqué de le faire. Les chaises du bureau d'Oostergard n'étant pas spécialement confortables, je fus heureuse de changer de position et de saisir mon sac à dos, prête à sortir comme une balle. « Tu sembles distraite ? »

Oh! mon Dieu! elle n'a vraiment aucune idée de ce qui me passe par la tête. Pour la énième fois, je lui rappelai que mon prénom n'était pas Vickie mais bien Vick, tout court. Les adultes ne savent pas s'arrêter sur le chemin de la familiarité. « C'est mon heure de dîner et je... »

Je ne sais pas comment les gens en viennent à devenir des directeurs adjoints. Est-ce qu'ils se lèvent un bon matin en déclarant : « Je vais devenir directeur adjoint lorsque je serai grand » ? J'en doute. D'où qu'ils viennent, que ce soit d'un camp d'entraînement ou d'un sordide laboratoire de biotechnologie, les directeurs adjoints que j'ai connus semblaient tous frappés du commode syndrome de la surdité soudaine lorsque je disais quelque chose qu'ils ne voulaient pas entendre. Tout particulièrement lorsque je parlais de mon heure de dîner. « Tu n'aimes pas le prénom de Vickie, petite ? » Non, je n'aime ni Vickie ni Victoria. Mon prénom c'est Vick, un point c'est tout. Je n'aime pas non plus la permanente décolorée de la directrice adjointe Oostergard, ni ses lunettes en plastique orange et encore moins sa façon d'examiner mon dossier comme si elle lisait un roman érotique et qu'elle avait besoin de quelques moments de solitude pour mieux s'y plonger.

Mon sac à dos repose sur mes genoux, mes pieds en position de départ. Quant à mon cerveau, il a déjà quitté le bureau de la nouvelle directrice adjointe et prend le frais sur les marches qui mènent à l'entrée de l'école secondaire Millard Fillmore. Tout ce qu'il me restait à obtenir pour que le reste de mon corps puisse le rejoindre, c'était une sorte de bénédiction officielle. Malheureusement, ma geôlière s'appuya contre son dossier en me jaugeant comme si j'étais un volcan en papier mâché rempli de bicarbonate de soude et qu'elle était le juge de l'exposition scientifique. « Vickie », me dit-elle en tripotant sa verrue. Ce qui acheva de me dégoûter. « L'une des raisons pour lesquelles Monsieur Dermot n'est plus parmi nous, c'est que l'administration avait l'impression qu'il ne gérait pas adéquatement les étudiants en difficulté. Votre conseiller, Monsieur O'Doul et moi, croyons que l'une de mes fonctions est de... »

Et bla, bla, bla. Je m'étais naïvement imaginé qu'avec mes études secondaires presque complétées, je n'aurais plus le directeur adjoint Dermot toujours sur mon dos. Durant ma première année de secondaire, Dermot la marmotte m'avait empoisonné l'existence en croyant que j'étais responsable de tous les coups fumants qui se produisaient à l'école. Oui, il y a bien eu quelques incidents dans lesquels j'ai quelque peu trempé. Comme la fois où j'ai brisé le nez de la statue du président Fillmore. Ou l'après-midi où j'ai fait irruption dans la douche des garçons pendant que les gars de l'équipe de balle molle se savonnaient. Et la fameuse nuit où la chèvre Rambo, la mascotte de notre école, a saccagé le bureau de Dermot la marmotte en laissant une carte de visite bien odorante qui prouvait hors de tout doute que cette chèvre avait des problèmes intestinaux. Oui, je l'avoue, je n'étais pas bien loin. Mais rien de tout cela n'avait été prémédité. On ne sait jamais ce que la vie nous réserve. La preuve? J'étais aujourd'hui assise à l'endroit même où la chèvre s'était soulagée.

Beurk.

Il y a six semaines, alors que je franchissais les portes du Fillmore et que je prenais ma première bouffée d'air post-Dermot, j'avoue avoir eu l'envie de me frapper la poitrine à la manière de Tarzan et de crier victoire. Si j'avais su que j'allais avoir tous les lundis matins d'interminables rencontres au bureau de la Ostergrad, je n'aurais pas été aussi pressée de voir disparaître Dermot. Au moins, avec lui, les confrontations étaient vite expédiées et ne m'assommaient pas au point où toute interruption de quelque nature que ce soit était la bienvenue. Les supplices chinois de la goutte d'eau et des tiges de bambous fichées sous mes ongles auraient été plus agréables que ces séances. Même l'algèbre 201.

« ...Te souviens-tu des techniques de gestion de la colère que t'a apprises Monsieur O'Doul ? »

Oups, une question qui demande une réponse. Je ne m'y attendais pas. « Euh, je prends des respirations profondes, j'inspire ma colère et j'expire l'amour, puis-je aller dîner maintenant? Il ne me reste plus que quarante minutes. »

Une question à laquelle elle n'avait qu'à répondre par un oui ou un non, n'est-ce pas ? Eh bien non. La Oostergard se joignit les doigts en prière et me demanda d'un ton doucereux : « Comment vont les choses à la maison, Vickie ? »

Oh ! mon Dieu ! Pas vrai, pas ça. Je ne suis pas une enfant difficile. Non, je ne le suis pas. Je n'avais pourtant rien à me reprocher depuis le début de l'année scolaire. Si cet animal de Dermot n'avait pas quitté l'école en laissant un dossier épais comme un annuaire téléphonique sur son bureau avec mon nom en page couverture, la nouvelle directrice adjointe aurait pu concentrer ses efforts sur ceux qui fument, qui intimident les autres, ceux qui portent des couteaux, qui se droguent, qui trichent et sur tous ceux qui mériteraient cent fois plus de se retrouver à ma place sur cette chaise et surtout, surtout, j'aurais été beaucoup plus heureuse. Ma vie familiale ne la concerne absolument pas. Je le lui laissai savoir en haussant les sourcils.

«Est-ce que les choses s'améliorent avec ton père ? »

« Mon père va bien. Je vais bien. Tout va bien. » Je jetai alors un œil sur l'horloge sur son bureau. « Il me faut six minutes pour me rendre à la cafétéria, madame Oostergard, et j'ai déjà cinq minutes de retard, et si je ne pars pas maintenant, j'aurai moins d'une demi-heure pour manger, et des études démontrent que le repas du midi est essentiel à la bonne performance des élèves... »

Je cessai brusquement de parler lorsqu'elle dénoua ses mains et nota quelque chose dans son cahier. J'aurais donné n'importe quoi pour savoir ce qu'elle écrivait. Sur la défensive, probablement. Ou peut-être elle évite de confronter les problèmes ou encore, quelle emmerdeuse. Malgré un intérêt bien fugace, je serrai les dents et attendis les premiers mots du sermon qui allait forcément suivre. Rien. Rien de plus que le son du crayon qui gratte le papier. « J'aimerais, dit-elle enfin sans cesser d'écrire, que tu dises à ton père que je vais lui téléphoner bientôt pour avoir plus d'informations. » Oh ! quelle emmerdeuse ! Pourquoi veut-elle faire cela ? L'ancienne Vick, la magicienne, aurait crié à l'injustice, mais la nouvelle Vick, terre à terre et à sa place, se contenta de sourire et d'acquiescer. Finalement, après avoir écrit longuement, elle leva la tête et me regarda à travers ses lunettes surdimensionnées qui lui donnait un air de guignol : « Tu as la permission de partir », me dit-elle enfin, étonnée de voir que j'étais toujours là, en me faisant sentir que j'étais celle qui s'incrustait et qui lui faisait perdre son temps.

Je n'attendis pas qu'elle me le répète. Je pris mes cliques et mes claques et quittai ce bureau aux murs couverts d'affiches didactiques et à l'odeur de pot-pourri à la lavande en lui lançant un si joyeux « merci madame Oostergard ! », que madame Detweiler et les autres secrétaires levèrent la tête pour me sourire. Voyez-vous, il existe encore des gens dans le monde qui ne vous tiennent pas rigueur parce que vous avez accidentellement permis à la mascotte de l'école de mastiquer leurs effets de bureau.

J'ai bien dit mastiquer. C'est un verbe. Consultez le dictionnaire, sous la lettre M.

De toute façon, il y a une chose que la nouvelle Vick a toujours en commun avec l'ancienne et c'est la manière de voir la vie. Même si je n'avais plus recours à des tours de passe-passe pour faire croire que j'étais une sorcière, cela ne voulait pas dire que j'avais perdu la main.

J'étais toujours aussi forte. Lorsque papa et moi avons emménagé dans ce bled perdu du Midwest américain l'an dernier, j'ai teint mes cheveux d'un noir profond, j'ai peint mes ongles en noir et j'ai mis du khôl autour de mes yeux. Lorsque je me suis vue dans le miroir, j'ai su que j'avais enfin trouvé ma vraie identité. Vickie, la timide, que l'on bousculait était devenue Vick, la dangereuse, le genre de fille que les autres élèves se font un devoir d'éviter. Le genre de fille qu'ils n'oseraient jamais regarder dans le blanc des yeux.

Le genre de fille qui déambulait nonchalamment dans les corridors en sachant qu'elle intimidait tous ceux qu'elle croisait. Oui. La nouvelle Vick était bien ce qu'elle paraissait être avec ses jeans, ses bottes noires munies d'appliques en cuir rouge en forme de flammes qui montaient des orteils vers la cheville, et les cordons de son capuchon qui se balançaient d'un côté puis de l'autre quand elle se rapprochait d'un groupe de cinq ou six sportifs plus vieux réunis autour d'un casier. Ces types tout en muscles avec leurs vestes à l'effigie de l'école s'en prennent toujours aux plus petits, se dit-elle. Ils n'allaient tout de même pas oser s'en prendre à moi ... !

« Yo, Marotti ! » cria l'un d'eux. Habituellement, je ne retenais pas les noms de la plèbe, mais j'avais retenu le nom de celui-ci : Tyler Woodwell, qui faisait partie de l'équipe de football. Un type extrêmement séduisant, mais pourri jusqu'au trognon. Il leva le bras si soudainement que j'eus le réflexe de parer le coup. Je me mis alors à sautiller sur place en me campant sur mes pieds, prête à attaquer.

Et c'est alors que je compris qu'il levait le bras dans un geste d'amitié. Il me regardait étrangement : « Quelque chose ne va pas ? » dit-il.

« Non », lui ai-je répondu en prenant un air renfrogné voulant lui signifier par là que non, je n'avais pas levé mes deux poings dans les airs, prête à lui donner une raclée. Bon, il ne s'apprêtait pas à me frapper physiquement, mais l'intimidation psychologique faisait partie des tactiques préférées de cette bande de demeurés. J'aurais parié le un dollar trente-cinq cents que j'avais en poche que les paroles qu'il ajouterait serait une flèche empoisonnée qui m'irait droit au cœur. « Et toi, tu ne te sens pas bien ? »

« Non, ça va », me répondit-il, pris au dépourvu. C'est ce que je voulais entendre – la douce musique des mots d'un gars qui se fait tout petit devant moi. Il se gratta la tête à travers la casquette grise qu'il portait constamment. Bizarre. Je n'avais jamais remarqué que Tyler était le seul de son groupe d'amis à ne jamais porter le fameux coupe-vent aux couleurs de l'école. La plupart de ces sportifs ne s'en séparent pas, même pour dormir, n'est-ce pas ? « Tu n'étais pas présente au dernier cours d'histoire et je voulais te prêter mes notes. Il y a un examen prévu pour vendredi prochain. »

« Ah. » J'ai gardé le silence une seconde de plus en souhaitant presque qu'une remarque désobligeante suivrait ou qu'il s'empresserait de retirer son offre aussitôt que je l'aurais acceptée. Il était sincère. « Merci », lui ai-je répondu en rangeant ses notes dans la pochette extérieure de mon sac à dos, en me sentant parfaitement ridicule. Ce n'est pas ainsi que les gens pourris se comportent habituellement. « C'est très gentil de ta part. »

Il a ri. Un de ses amis, Arnie Peterson, m'a donné une petite tape amicale sur l'épaule. Gentiment. « Un instant, j'ai cru que tu allais le battre », me dit-il.

Je ne savais plus où me mettre et je me contentai de sourire.

« Voyons, Marotti ne ferait jamais cela. Elle est cool. N'est-ce pas ? » De la façon dont Tyler me souriait, vous auriez pu croire que nous étions les meilleurs amis du monde. Et cela vaut pour le reste de sa bande. Ils se sont mis à sourire de toutes leurs dents comme si j'étais une énorme banane que l'on exhibait devant une horde de chimpanzés. Une fois de plus, Tyler éleva le bras et attendit. Malheur. Je devais m'y résoudre. Je levai lentement le bras et Tyler se lança aussitôt dans une ronde bien sentie, presque maçonnique, du salut de l'amitié. Tout y était, les pouces qui s'entrecroisent, les doigts qui s'accrochent et les avant-bras qui s'entrechoquent. Lorsque je réussis finalement à m'échapper et à me remettre à marcher, j'avais l'impression que je venais de vivre une initiation, j'étais devenue un gars de la bande. Tout ce qui me manquait, c'était une paire d'Air Maxes et un tube de Tinactin contre le pied d'athlète. « Hé, Marotti, cria Tyler, à l'un de ces quatre ! »

« Oui, bien sûr », ai-je répondu tout en pensant qu'il y avait bien peu de chance que cela se produise un jour.

Bon, ces gars ne semblaient plus me craindre. Mais vous savez, ils ne représentent qu'une infime partie des élèves de l'école. C'est l'une des bandes les plus en vue, soit, mais certainement pas parmi les plus importantes. Lorsque je tournai le coin qui jouxte les classes d'arts plastiques et l'atelier de sculpture, en direction de la classe de musique d'où s'échappait un air de jazz, j'avais repris mes esprits et mon aisance. J'étais de nouveau moi-même, je ressentais cette boule de feu intérieure. J'étais forte et rien ni personne ne pouvait m'atteindre.

Les gens que je croisais savaient que mon armure était à toute épreuve. J'étais une énigme. Impénétrable. Un sphinx à qui personne n'avait jamais posé une questi…

Aaaahhh ! Avais-je malencontreusement mis le pied dans une espèce de guêpier ? Je fus soudainement happée par un essaim de filles, toutes plus flamboyantes que la plus colorée des papillotes de bonbons japonais et fleurant bon le fruité du brillant à lèvres. « Oh ! mon Dieu ! Quelle allure ! » tonna DeMadison Cook, la grande prêtresse de la mode depuis que sa meilleure amie avait été envoyée dans une école privée l'an dernier, en rapprochant son visage à cinq centimètres du mien. Non mais pour qui se prenait-elle ? « Vick, mais pour l'amour, où as-tu trouvé cette ombre à paupières ? »

Quelle poisse. Il ne manquait plus que ça. J'allais devoir me farcir les railleries de ces mijaurées qui avaient fait de ma vie, l'an dernier, un véritable enfer. J'ai ouvert la bouche, prête à leur décocher une de mes répliques les plus venimeuses lorsque Tabitha Hunter, celle qui avait des cheveux châtains si parfaitement lisses et perpétuellement si bien mis que je la soupçonnais de s'astreindre tous les matins à des séances de démêlants, de gel défrisant et au meurtre rituel d'un jeune agneau sans tache, s'approcha de moi pour m'observer. « Est-ce que ton ombre à paupières est nacrée ? »

« Ouiiii ! Il y a des brillants », dit DeMadison en promenant un doigt sur ma paupière. J'ai failli m'évanouir, mais je ne pouvais pas m'échapper, j'étais encerclée par cette bande de furies. « C'est magnifique ! Où l'as-tu achetée ? »

Il n'était pas question d'échanger des trucs de maquillage avec elles. Ce n'est tout simplement pas mon genre. « Je n'ai rien vu de semblable au centre commercial », proclama Tabitha.

« Vick, tu as ce qu'on appelle le style gothique, n'est-ce pas ? Je pense moi aussi l'adopter le mois prochain », confia-t-elle à ses amies consommatrices de produits Bonne Bell.

« Ne sois pas ridicule », lui répondit DeMadison en passant son bras autour de mon cou. « Lorsque j'étais à Lincoln avec mes parents cet été, j'ai vu plusieurs filles maquillées comme Vick dans les cafés. Le style gothique n'est plus à la mode. Vick est post-gothique, ce qui est beaucoup plus cool. N'est-ce pas, Vick ? »

Alors qu'elle se lançait dans une miniconférence sur les différences entre ces styles, ma tête s'est mise à tourner. En partie à cause des effluves de parfum dont elles s'étaient abondamment aspergées et qui empêchaient l'oxygène de parvenir à mes poumons et surtout parce que je ne pouvais croire que les filles les plus populaires de l'école secondaire Millard Fillmore étaient en train de discuter de mon style sans utiliser les mots « bizarre », « grossier » ou « infect ». Tout au long du semestre, j'avais bien remarqué qu'elles étaient moins malicieuses, mais de là à devenir copains comme cochons, il y avait une marge ! Je suis peut-être tombée dans un monde parallèle où tout se révèle le contraire de la réalité. J'étais peut-être devenue comme elles et si j'avais eu un miroir en ce moment, j'aurais vu que j'avais les cheveux bien placés, les lèvres bien brillantes et une peau de pêche à l'instar de toutes ces minettes.

Mais non. Lorsqu'une de ces filles dont je n'avais pas cru bon retenir le nom s'empara du quartz rose que je portais au cou (« où as-tu trouvé ça ? ») j'ai su que les choses étaient peut-être bizarroïdes mais que je n'hallucinais pas, j'avais les pieds fermement ancrés dans la réalité. Je n'étais pas un mannequin post-gothique qui posait pour la page centrale d'un magazine de mode comme *Teen People* et qui devait inspirer les jeunes filles. Je n'avais même aucune idée de ce qu'était le style post-gothique.

Le style gothique était déjà dépassé lorsque j'habitais la côte ouest il y a quelques années, et si ce que je portais semblait au goût du jour des boutiques de Lincoln, au Nebraska, il était peut-être temps pour moi de tout laisser tomber et de me promener toute nue.

Le seul grand inconvénient serait bien sûr que les autres verraient absolument tout de ma personne. « C'est un cadeau », dis-je à la fille en retirant mon pendentif de ses griffes peintes. Ce quartz était la seule chose qui avait une valeur sentimentale pour moi et je ne voulais pas l'abîmer en le lui reprenant. « Je vais à la cafétéria, je n'ai que vingt minutes pour manger », dis-je en m'adressant à DeMadison.

« Oh! mon Dieu ! prononça DeMadison en s'accrochant à mon avant-bras. J'espère que tu as apporté ton lunch parce que l'odeur des plats qu'ils ont au menu aujourd'hui est dégueulasse », dit-elle en mimant le geste de vomir.

« Bien, j'en prends bonne note », fis-je en me disant qu'il serait grand temps que j'adopte un python de deux mètres. Étais-je en train d'halluciner ? À ma grande consternation, les filles marchaient à mes côtés. J'avais attiré une petite cour qui me suivait à la cafétéria. Malheureusement, DeMadison avait raison quant à l'odeur qui se dégageait des lieux. Une carcasse d'animal sur le bord de la route assaisonnée d'ail et d'huile à moteur qui grille au soleil ardent de l'été jusqu'à atteindre la cuisson bien saignante aurait eu une meilleure odeur.

Six mois plus tôt, ces filles-là crachaient sur moi. Et ces as du football ? S'ils en avaient eu l'occasion, ils m'auraient volontiers botté le derrière avec leurs chaussures à crampons pleines de boue et se seraient torchés avec mes devoirs. Mes amis et moi étions considérés comme les derniers des parias ; il ne se passait pas une journée sans que j'aie à défendre l'un ou l'autre d'entre eux contre les agissements de ces têtes à claques. Et s'ils n'étaient pas en train de nous tabasser dans les toilettes, ou de nous faire des crocs-en-jambe dans les corridors de l'école, ils parlaient dans notre dos et se moquaient de nous dans les vestiaires.

Et tout à coup, cette année, je serais devenue la meilleure amie de tout ce beau monde ? Un revirement qui me laissait sceptique. Bien qu'avec l'incessant babillage de DeMadison, je n'avais pas vraiment occasion de réfléchir davantage à ce phénomène. « Tu as eu Iverson l'an dernier, n'est-ce pas Vick ? » demandait-elle en me tapotant le bras si souvent que j'ai vérifié si je n'avais pas une bestiole quelconque sur moi qu'elle tentait de chasser. « Il est si sévère, je disais justement à Brandon Jerome, tu connais Brandon ? Oh ! il faut que tu viennes à la fête qu'il donne samedi prochain ! »

Moi, aller à une fête donnée par un finissant et où la bière coulera à flots ? Non merci : « Euh, je suis occupée samedi », répondis-je.

Il me semble que c'était assez clair, non ? Eh bien, toutes les filles, Tabitha et Sophia Glews et Zoe Moore se sont mises à me supplier de changer d'avis. La pire, c'était DeMadison : « Oh, je t'en supplie, viens, ses parents n'y seront pas ! Je vais coiffer tes cheveux ! Dis oui ! »

Quelle belle soirée en perspective ! Tous ceux qui me connaissent un tant soit peu savent que j'ai horreur de ces soirées bien arrosées, où s'active un troupeau de primates. Et l'idée de me faire jouer dans la tête me hérissait le poil. Comment lui dire sans être blessante qu'un traitement de canal chez le dentiste me semblait plus intéressant que cette soirée ?

« Nous allons nous amuser ! » assurait Tabitha qui se pendait à mon bras gauche. Nous étions à ce moment-là presque arrivées à la cafétéria et la seule chose qui m'empêchait de perdre la raison était de penser à une bonne excuse pour me libérer. « Tous les gens intéressants seront présents ! »

Je n'arriverai jamais à me débarrasser de ces filles. Les archéologues du futur découvriraient mon squelette recroquevillé en position fœtale entouré de leurs charmantes dépouilles momifiées, comme si j'étais tombée aux mains d'une tribu hautement féminine ayant une nette prédilection pour le rasage des jambes et le brillant à lèvres à la saveur de barbe à papa. « Quel dommage que je ne sois pas une personne intéressante ! » dis-je. Je m'attendais à tout sauf à ce concert de rires et de roucoulements. Ces dames croyaient que je faisais de l'esprit ! Il fallait que je mette un terme à tout ce cirque : « Bon, eh bien moi, je me sauve, je dois aller bouffer. Salut les filles ! » Croyez-le ou non, l'une d'elles, Irene, s'est même mise à bouder.

J'entendis alors un « Mesdames » et je me retournai pour faire face à un gars bien charpenté. N'importe qui de bien charpenté peut aisément passer pour un gars, surtout si vous ne connaissez pas Ray. Ce dernier se mit à caresser le mince cercle de poils qui poussaient autour de sa bouche. « Mesdames si charmantes », ajouta-t-il en détachant chacune des syllabes des mots comme si elles étaient des fruits savoureux. Je le regardai, incrédule. Était-il en train de faire du charme ? Je dus me rendre à l'évidence. Il était bien en mode charme. D'abord, il était habillé comme une carte de mode – un long veston en suède brun chocolat, des pantalons et une casquette parfaitement assortis, la palette de la casquette posée en travers de la tête. Il portait aussi de grosses lunettes de soleil non cerclées.

Et cette fameuse barbichette ? Était-elle dessinée au crayon? Si tel était le cas, elle était drôlement convaincante.

Derrière moi, j'entendais de petits rires étouffés. Les filles se moquaient de Ray ! Mon sang ne fit qu'un tour et je lui saisis le bras en lui disant : « Viens, on s'en va. »

« Rien ne presse ! » dit-il en retirant ses lunettes de soleil et en fixant son regard sur DeMadison. Elle lui répondit en faisant une petite révérence tout en portant la main à sa bouche. Cette vipère essayait de maîtriser un fou rire et lui ne voulait pas me suivre ! Ne l'avais-je pas protégé tout au long de l'année dernière contre ces pauvres loques ? « Tu pourrais peut-être me présenter à tes amies ? ... Hé ! » Cette dernière exclamation faisant référence à la façon plutôt cavalière que j'avais eue pour l'entraîner vers les portes donnant sur la cafétéria. « Pourquoi as-tu fait ça ? »

L'entrée de la cafétéria grouillait de jeunes qui riaient et parlaient. Au moins deux douzaines d'entre eux avaient été témoins de la façon dont je venais de traiter mon meilleur ami et nous observaient du coin de l'œil. Je m'en foutais. « Veux-tu bien me dire quelle mouche t'as piquée ? » Je savais que, malgré le brouhaha de la cafétéria, tout le monde entendrait ce que je m'apprêtais à lui répondre : « Elles riaient de toi ! »

Ses yeux devinrent deux fentes horizontales et il croisa lentement les bras ; il ne restait plus rien du personnage débonnaire qu'il était deux minutes plus tôt : « Non, elles ne riaient pas de moi. Pour ton information, ce que nous faisions, cela s'appelle draguer. Est-ce si grave de vouloir profiter de ton nouveau statut ? »

Ils étaient en train de draguer ? Cette possibilité ne m'avait même pas effleuré l'esprit.

J'ai cligné des yeux. « De quoi parles-tu ? Qu'entends-tu par nouveau statut ? »

« Tes actions sont à la hausse. Depuis, tu sais, cette confrontation avec Melinda Scott l'an dernier ? » J'avais l'habitude du style télégraphique de Ray. Après tout, Ray était un poète et savait s'exprimer avec un minimum de syllabes. Le problème c'est que je ne comprenais pas où il voulait en venir. Le long soupir qu'il exhala en réponse à mon haussement d'épaules faillit m'emporter : « Ne me force pas à dire le mot. »

« Mais, quel mot à la fin ? » hurlai-je en me demandant si la Oostergard inscrirait le mot strangulation dans mon dossier. Probablement. Ray se mit alors à fléchir les épaules, à soupirer de façon exagérée en roulant des yeux, bref, à me faire le grand numéro. « Si tu ne me dis pas ce que tu penses, Ray, je te jure que… »

« Bon, bon, ça va, mais tu le sais déjà. Les choses sont différentes cette année parce que tu es devenue populaire. » Ray énonça le mot comme s'il s'agissait d'une conclusion finale à un problème de géométrie, mais j'eus l'impression d'avoir reçu une gifle sonore. « Retire ce que tu viens de dire », le menaçai-je d'une petite voix mal assurée.

« Je n'y peux rien. C'est la vérité. Tu es populaire. Il n'y a rien de mal à… » Assez. Je lui tournai le dos et partis au milieu de sa phrase. « Vick », l'entendis-je appeler dans mon dos.

J'en avais suffisamment entendu.

Chapitre deux

Le bruit de la cafétéria pendant l'heure du dîner ? Assez pour rendre une fille sourde à cause des plafonds trop bas et des puits de lumière qui réverbèrent le moindre son en direction du plancher. L'odeur ? Celle du formol et du fœtus de cochon mort-né qui flottait dans le cours de biologie l'an dernier était moins offensante. Malgré l'absence de profs, d'examens, d'interrogations surprises et de travaux de laboratoire, et sans la pression de devoir performer au hockey sur gazon, vous pourriez croire que l'heure du dîner était un havre de paix, un moment de répit durant la journée scolaire. Détrompez-vous. Pour beaucoup d'élèves, l'heure du dîner est consacrée à faire les devoirs qui n'ont pas été faits la veille. C'est aussi la période où vous rencontrez les gens que vous ne voulez pas voir et celle où vous tentez désespérément de passer un peu de bon temps avec vos amis que vous n'avez pas vus de la journée. En fait, la cafétéria ressemble à un immense abattoir pour ados.

Abattoir. Vous savez l'endroit où les vaches entrent sur leurs quatre pattes et où elles ressortent sous forme de hamburgers et de saucissons ?

Avant que mon père perde son boulot, j'avais l'habitude de l'attendre avec la télévision pour toute compagnie. Une fois, j'ai vu un documentaire sur les abattoirs qui était si dégueulasse que je suis devenue végétarienne. Durant une semaine du moins, jusqu'à ce que j'aille me promener au centre commercial et que j'entende un pogo murmurer mon nom. Ce que j'ai appris de cette expérience, c'est que les abattoirs et les cafétérias ont beaucoup en commun. Les deux endroits procèdent à l'engraissement de leurs prisonniers avec une rigueur toute institutionnelle, les malheureux font la queue et doivent marcher aveuglément vers leur destin qui est de passer au couperet. Je pris mon quartz entre mes doigts. Le toucher et le savoir toujours là me calmait et me rassurait.

Beurk. La dame de la cafétéria déposa une assiette de bâtonnets de poisson dans mon cabaret. Ils essayaient de me tuer.

Ma clique s'assoyait tout au fond, près de la fenêtre qui dégouttait lorsqu'il pleuvait. Notre table semblait attirer beaucoup de gens ces derniers temps, mais mes amis me réservaient toujours une place en bout de table. « Que penses-tu du groupe des Sept ? » dit Brie Layton en me saluant d'un hochement de tête. Elle discutait avec ma meilleure amie, Addy. Les deux semblaient plonger dans une discussion philosophique. Elles avaient plusieurs discussions profondes de ce genre ces temps-ci. Addy hocha la tête « Oh ! voyons ! » Comme moi, Brie venait de Los Angeles. Contrairement à moi, elle avait toujours le style L.A. ; on aurait dit qu'elle venait de faire un marathon de carte de crédit au Beverly Center. « Je sais que tu as vu ce film à propos de la fille de treize ans qui se frappe la tête et qui a la surprise de se réveiller pratiquement ménopausée et à la tête d'un magazine, et… »

Après tout, cette conversation n'était peut-être pas aussi profonde que je le croyais.

« Nous l'avons vu ensemble, ce film », lui rappela Addy qui se fendit d'un sourire pour me montrer qu'elle ne m'ignorait pas totalement. Cela ne me faisait ni chaud ni froid. Tout le monde avait fini de manger et moi je n'avais pas commencé. Je déchirai quelques sachets de ketchup et de moutarde que je mélangeai. Addy était en train de revoir des notes pour un de ses cours ayant lieu plus tard dans l'après-midi ; elle avait devant elle une liste de formules chimiques qu'elle tentait de résoudre. « Tu te souviens, Vick et Gio étaient aussi avec nous. »

« Mais il n'y avait que toi et moi qui regardions vraiment le film. » Je savais exactement à quoi Brie faisait référence, mais je n'avais pas l'intention de mordre autre chose que ces bâtonnets de poisson. Mais qu'est-ce que cette chose jaunâtre à côté ? Du macaroni au fromage peut-être ? « De toute façon, les filles dans le film s'étaient donné le nom de groupe des Six. Nous, nous pourrions nous appeler le groupe des Sept, toi, moi, Gio, Vick, Dorie, Desiree, Ray. » Ce qui en disait long sur Brie qui, même si elle repliait ses doigts au fur et à mesure qu'elle nommait les sept personnes, laissait son petit doigt bien en évidence.

« Mais nous sommes beaucoup plus nombreux que sept, lui fit remarquer Addy, sans lever les yeux de son devoir. Il y a aussi le petit Tony, Marvella et beaucoup d'autres. » Quelques-unes des personnes autour de la table levèrent la tête à la mention de leur nom avant de reprendre leur conversation. « Je croyais que tu détestais les repas chauds de la cafétéria ? » ajouta-t-elle à mon endroit.

Je haussai les épaules en évitant de répondre à la question en enfournant une grosse bouchée de poisson tiède. « Ils sont corrects. »

« Je parle du groupe original des Sept. »

Ce qui força Addy à lever la tête et à soutenir son regard.

Elle passa sa main dans ses longs cheveux roux avant d'ajouter : « Je n'ai pas envie de porter le nom d'un groupe de filles prétentieuses. Et si tu veux être pointilleuse, Brie, tu ne fais pas exactement partie du groupe original. » Bravo Addy, ai-je pensé en engloutissant le reste de mon repas. J'avais pour théorie que si je gobais rapidement mon assiette, moins j'aurais à goûter ce qu'elle contenait. Allez, Addy, enfonce le clou. « Le groupe original, c'est Vick, Dorie, Des, Ray et moi. Toi et Gio ne vous êtes joints à nous qu'au printemps dernier. Et toi, tu manges à la cafétéria tous les jours, ma parole. »

Quelle emmerde ! Cette dernière phrase s'adressait à moi. Je n'avais pas particulièrement envie d'être mise sur la sellette. Elle avait parfaitement raison. J'étais abonnée aux repas chauds tous les midis depuis plusieurs semaines en espérant que personne ne s'en apercevrait. Ce qui n'était manifestement pas le cas. Je tentai de brouiller les pistes. « Nooon ! » lui répondis-je en piquant du nez dans mon assiette. Lorsque je relevai la tête pour juger si mon mensonge avait eu l'effet escompté (hélas, non), je lui lançai négligemment : « Je me lève trop tard ces temps-ci pour me faire un lunch. »

« Trop tard pour enfourner les restes du repas de ton papa dans un sac de papier ? » C'est impoli de répondre la bouche pleine, n'est-ce pas? J'enfournai donc deux ou trois bouchées de macaroni au fromage. Les jours où je pouvais compter sur les restes de table avaient pris fin avec l'emploi à temps plein de mon père ; mais Addy n'avait pas à connaître cet aspect de ma vie familiale.

« Je pense que c'est un bon nom », balbutia Brie, toujours dans sa bulle. J'ai vécu dans des villes partout en Amérique, en commençant par les plus importantes pour finir par les plus petites à mesure que mon père se démenait comme un diable pour se trouver un emploi. Mais une chose demeure, quelle que soit la ville où elles habitent, les filles de la Californie sont toujours reconnaissables.

Le temps pour celles-ci s'écoule différemment. Même au cœur de l'Amérique, où l'on imagine toujours des buffles en train de brouter dans l'immensité ambrée des champs de blé encadrée au loin de montagnes violettes, Brie nous donnait l'impression qu'elle ne faisait que passer en coup de vent avant d'aller dépenser des sommes folles sur Rodeo Drive. Ou peut-être ne voulait-elle pas qu'on lui rappelle que l'an dernier, fraîchement débarquée en ville, elle faisait partie du clan des ennemis. « Alors, que pensez-vous des Phoniques ? »

« Débile », répliqua Addy, toujours plongée dans ses formules. En ayant terminé avec les vestiges qui constituaient mon repas, j'arrêtai de mastiquer pour poser la question cruciale : « Mais de quoi parlez-vous à la fin ? »

Lorsqu'Addy, au lieu de répondre, leva simplement les yeux au ciel, j'ai compris qu'elles étaient en train de débattre d'un sujet sans importance. Mais vraiment aucune. Sans me regarder, Brie déposa sa tortilla à la laitue et au falafel et se préparait, je le sentais, à accoucher d'une déclaration tout à fait stupide. « Nous pensons que nous devrions choisir un nom pour notre bande. »

« Non ! » Brie et moi n'étions pas vraiment des ennemies. Peut-être à l'époque où elle était nouvelle et essayait de prendre sa place, mais plus maintenant. Nous allions souvent au cinéma, regardions la télé et faisions nos devoirs ensemble. Nous avions des comportements amicaux l'une envers l'autre, mais nous avions aussi quelques désaccords.

« Oh ! voyons donc ! » Les mots avaient fusé sans que je puisse les retenir. Elle devait s'attendre à ce que je la rembarre.

« L'an dernier, vous aviez trouvé un nom pour la bande de DeMadison. »

« Nous vous avions baptisé les Crêpeuses de chignon parce que vous le méritiez. » Honnêtement, je n'avais pas l'intention d'inclure Brie dans cette bande, mais c'est venu tout seul. J'ai vu que ma réflexion l'avait troublée. Dieu sait que je ne voulais pas la blesser. « Je veux dire les autres. Pas toi. De toute façon, on les appelait comme ça, ce n'était pas un nom qu'elles s'étaient elles-mêmes donné. »

J'aurais pu poursuivre dans cette veine, mais Brie ne semblait pas, tout compte fait, si meurtrie par ce que je venais de dire. De plus, on perd facilement le fil de la conversation lorsqu'un jeune snobinard d'à peine 1 mètre 40 s'invite à votre table. « Elles s'appelaient comment, mon chou ? » me demanda le petit Tony en s'éventant avec une bande dessinée d'une façon qu'il trouvait probablement sexy.

Addy jeta un œil sur la couverture de la bédé qui montrait la face d'un type en train de se décomposer sous le regard perçant d'un superhéros, le tout en couleurs. « Je croyais que ta mère t'avais défendu d'acheter ces trucs. »

« On s'en fout », dit-il en claquant des doigts.

Je me retournai pour faire face à mon avorton favori. « Tony ? »

« Oui, ma poupée ? » Vous savez comment certains gars se font un devoir dans la vie de faire en sorte qu'une fille aurait préféré ne pas se coiffer ou se maquiller ce matin-là ? C'était Tony tout craché. Il n'était pas aussi grossier que certains de ces finissants qui se lançaient dans des divagations machistes, mais il se comportait comme un agent pas si secret qui aurait reçu l'ordre de me pousser dans mes derniers retranchements et d'abuser de ma patience.

Il se pencha vers moi et exposa d'un grand sourire toute la quincaillerie qu'il portait dans la bouche. « Qu'est-ce que le petit Tony peut faire pour toi ? »

Chaque fois que le frère cadet de Desiree envahissait mon espace vital, je voyais poindre un petit sourire sur les lèvres d'Addy. Bien qu'elle prétendît travailler sur ses formules de dernière minute, elle n'arrivait pas à réprimer ce petit sourire narquois. Quant à moi, je ne savais plus ce qui me dérangeait le plus chez Tony : le fait qu'il insistât constamment pour que l'on soit reconnu publiquement comme un couple ou que la moitié de son sandwich à la banane et au beurre d'arachide soit toujours emprisonné dans son appareil dentaire. « Qu'est-ce que le petit Tony peut faire pour moi ? » Tout en lui répétant sa phrase, je me demandai : « Si je l'assommais avec l'un de ces bâtonnets de poisson, cela me vaudrait-il une autre visite chez la Oostergard ? » À bien y penser, comme ces bâtonnets froids avaient pris la consistance du ciment et que ce jeune avait déjà de sérieuses atteintes au cerveau… « Tony, lui dis-je, tu es l'un des dix Afro-Américains que compte cette école. Cela ne te suffit pas ? Faut-il vraiment que tu agisses comme si tu étais un Soprano ? »

« Tu m'inspires, ma petite rigatoni. »

Tony se comportait comme un parfait idiot. « Des, criai-je à celle-ci à l'autre bout de la table, interrompant sa conversation avec Dorie, je pense qu'il est plus que temps de changer la couche de ton petit frère. »

Elle me répondit par un petit rire et un geste de la main. Merci beaucoup Desiree pour ton aide. L'an dernier, alors que tous ces gens dépendaient de moi pour tout, ce genre de réaction aurait été impensable.

Des a toujours été une fille d'une grande gentillesse, c'est le genre de fille que l'on a tendance à aimer de plus en plus à force de la connaître. Mais elle était si nerveuse qu'elle se mangeait l'intérieur des joues et rongeait le bout de ses doigts jusqu'à ce qu'ils aient l'apparence d'un tartare de thon.

C'est un plat que l'on sert dans les restaurants chics. Ne me demandez pas d'où je tiens cette information, c'est une histoire sordide. Quand j'ai rencontré pour la première fois les parents de mon copain de l'époque, ceux-ci m'avaient invitée dans un grand restaurant. Sur les recommandations de la mère de mon copain, j'avais avalé quatre petites bouchées de tartare de thon, tout de suite après, je me suis retrouvée aux toilettes à dégobiller pendant une demi-heure. Croyez-moi, le tartare de thon ne ressemble en rien au thon en conserve.

Le petit Tony me reluquait toujours. « Alors, on leur annonce la grande nouvelle mon petit cœur ? » Mon bras a été si rapide qu'il ne l'a jamais vu venir. J'ai saisi Tony par la peau du cou et soudain, son visage s'est posé tout contre le mien. De loin, les gens pensaient sûrement que nous étions en train de deviser amicalement et aucun surveillant n'aurait pu interpréter la scène comme un geste hostile. Ce qui était le cas. Il pesta et me flanqua des coups de bédé pendant au moins quinze secondes, puis il me dit : « Voyons, Marotti, je sais que tu as un cœur en or en dessous de cette carapace. Hé ! » Il était si petit que notre combat était en quelque sorte déloyal. Une paire de caleçon long flottant au vent aurait eu l'avantage sur lui. « Tu sais que les gestes d'agression sont des preuves d'amour déguisées… Ahh ! » Je venais de resserrer mon bras autour de son cou.

« Ça va, ça va, j'ai compris, donne-moi tes conditions, poupée. »

Avec un grand sourire de madone, je lui chuchotai à l'oreille : « Premièrement, tu ne m'appelles plus poupée. »

« OK. Tout ce que tu voudras. » Et, en le tenant toujours fermement par le cou, j'ajoutai : « Deuxièmement, renonce à l'idée que nous pourrions un jour former un couple. »

« C'est impossible. Tu es la femme de ma vie. »

« J'ai deux ans de plus que toi, lui rappelai-je, et beaucoup plus d'expérience. »

« J'ai beau être petit, je vais brasser la baraque, tu verras », dit-il en essayant de se libérer. Un combat aussi futile que ses déclarations.

« Je te rendrai la vie complètement misérable si tu continues », lui répondis-je d'un ton hargneux.

Brie ne trouva rien de mieux à dire que : « Personnellement, je trouve que c'est mignon. » Elle se redressa lorsqu'elle capta mon regard étonné. « Oui, il est comme l'un des Munchkins dans le Magicien d'Oz, vêtu de vêtements trop grands pour lui et essayant d'être… mais il n'est pas à la hauteur, si vous comprenez ce que je veux dire. »

Passe encore que le petit Tony se moque lui-même de sa petite taille. Personne dans l'école n'était aussi petit que lui, filles et garçons compris. Mais tout le monde sait qu'il y a un mot d'ordre qui circule depuis longtemps à propos de certaines classes de gens que l'on attaque stupidement à cause de leur apparence, de la couleur de leur peau ou tout simplement parce qu'ils sont différents des autres et bien qu'ils soient permis aux membres de ces gens de se moquer de ces différences, personne d'autres n'a ce privilège.

Brie n'était apparemment pas au courant de cette consigne. Tony eut l'air de rapetisser encore plus, tellement qu'il faillit se libérer de mon étreinte. « Brie ! » ai-je grogné. Tony pouvait être une plaie, surtout lorsqu'il faisait semblant d'être amoureux de moi, mais lorsque quelqu'un comme Brie se mettait de la partie, la situation devenait incontrôlable.

« Que veux-tu, il est trop mignon ! » protesta-t-elle.

Tony étant toujours sous le coup de sa remarque, je fis rapidement la liste des gestes que je pouvais faire pour faire passer la pilule. L'étreindre ? Trop condescendant. Lui tapoter le bras ? Une bien mince consolation. Lui frotter le dos ? Il aimerait trop cela. J'optai finalement pour un sourire. Il était un enfant après tout. « Je ne sais pas ce que Gio a que je n'ai pas », me dit-il dans un seul souffle.

« Hum, voyons voir, il a trois ans de plus que toi et il possède les clés d'une belle Mustang bleue, lui dis-je. Qu'en dis-tu ? »

« Je savais que tu tenais à moi à cause de la Mustang, entendis-je prononcer derrière mon épaule. Une chance que je n'ai pas choisi la vieille bagnole que mes parents voulaient que j'achète. »

Au son de la voix familière, mon cœur s'est emballé, suivi de peu par tout mon corps. Je réussis tout de même à entourer son cou de mes bras en moins d'une seconde et demie – un nouveau record mondial ! Puis je me suis reprise. Malgré le fait que Brie, Addy, le petit Tony et les autres à la table, sans mentionner tout le reste du monde à la cafétéria, m'aient vu sauter au cou de Gio Carson, le gars le plus attirant de l'école, je ramenai mes bras vers ma tête en tentant de faire croire que je ne m'étais levée que pour me gratter l'arrière du crâne. « Bonjour », lui dis-je d'une voix posée et en caressant le quartz qui pendait à mon cou, un cadeau qu'il m'avait offert à mon dernier anniversaire.

Je n'étais pas le genre de fille qui se jetait à la tête des garçons.

Gio appréciait le fait que je porte son cadeau et je le gardais constamment à mon cou pour me rappeler combien j'étais chanceuse d'être avec une telle personne. Oh! l'effet de son sourire lumineux sur moi !

Contrairement à Ady et Brie et à presque tous les élèves avec qui j'ai fait ma première année de secondaire, je n'ai pas opté pour le cours de chimie avancée. À cause de « certains problèmes familiaux », la Oostergard a cru bon de m'inscrire au cours de physique fréquenté par une bande d'énergumènes qui ont plus de tatouages que de cellules grises. Nous formons une classe assez pathétique, mais dernièrement nous avons étudié les prismes. Vous savez, ces choses triangulaires qui captent la lumière ? Lorsque vous tenez l'un de ces prismes devant une fenêtre, le jour, la lumière passe à travers et se scinde en couleurs pures, très vibrantes. Bien sûr, toutes ces couleurs font partie de la lumière ordinaire, mais le prisme les révèle dans toute leur splendeur.

Gio me fait exactement cet effet à l'intérieur. Je brille de toutes mes couleurs lorsqu'il est près de moi. « Tu as bonne mine aujourd'hui ».

Je dois avouer que cela me fit tout drôle à l'intérieur lorsqu'il m'a dit ça. Lorsque les autres élèves et la plupart des adultes évaluent mon maquillage, mes cheveux noirs et mes vêtements en haillons et en concluent que je ne vaux pas grand-chose ou pire que je suis une post-gothique, Gio, lui, m'accepte toujours comme je suis.

Tout ce qu'il disait était si simple et sincère. Il était impossible de ne pas croire en ces grands yeux noisette ou de ne pas vouloir passer la main dans ses cheveux blonds en brosse ou encore, de résister à l'envie de le prendre par la taille et de l'attirer vers vous. Je m'éclaircis la gorge avant de lui répondre : « Hum, merci. » J'ai aimé qu'il ait eu le geste de presser ma main pour me faire savoir qu'il le pensait vraiment. « Veux-tu t'asseoir avec nous ? » lui proposai-je en me rassoyant.

Il jeta un regard circulaire sur la table et dit : « Il y a de moins en moins de places disponibles à cette table ces jours-ci, n'est-ce pas ? »

« Que veux-tu dire par là ? » Pourquoi jouai-je l'innocente ? Je savais très bien ce qu'il voulait dire ; avec mon pied, je poussai Tony un peu plus loin pour lui faire une place. Pour une raison que j'ignore, je n'arrivais pas à admettre la vérité et pourtant la phrase fusa à mon insu. « Ce n'est pas parce que nous soyons devenus soudainement populaires ou quelque chose du genre. » Le mot « populaire » jaillit comme s'il m'avait écorché la bouche.

Gio nota la chose en haussant un sourcil. « Tony, comment vas-tu ? » demanda-t-il à mon voisin de table en s'assoyant dans le peu d'espace que celui-ci avait libéré. Je ramenai mon pied juste à temps. Les deux gars étaient en train de faire une espèce de rituel de poignée de main que Brie et moi surveillions avec fascination. Même Addy leva les yeux de ses bouquins pour regarder. J'ai toujours trouvé cette coutume qu'ont les gars de se saluer de cette façon un peu bizarre. « Vick était encore en train de te tabasser ? »

« Non. » Tony semblait intimidé par l'attention que Gio lui manifestait. « C'est une fille correcte. »

« Tu ne sais pas à quel point, petit homme. Comment vont tes cours d'algèbre ? »

Tony le gratifia d'un grand sourire : « Ça va super bien, merci ! »

Gio lui donna un petit coup de coude affectueux. « Excellent ! » Et puis un instantané du culte porté à un héros : bien qu'il se soit montré grognon quelques secondes avant de céder quelques centimètres à Gio, Tony était maintenant béat d'admiration comme un chiot envers son maître. Je pense que le terme qui s'applique à cette situation et qu'utilise tous les psys de ce monde est celui de pathétique.

« Dis, est-ce qu'on se voit ce soir ? »

Gio fit la moue. Une moue accrocheuse que j'adore. Je veux une photo de lui en train de faire cette moue pour mettre dans ma poche arrière afin de pouvoir la regarder chaque fois que j'en aurai envie. « Je travaille au centre… »

« Oui, je sais, au centre communautaire. » Bien sûr, la mention du bénévolat paraît bien sur un CV. Mais tous ces vieux le monopolisent depuis le début du semestre. « Et demain soir, travailles-tu ? »

« Oui, tous les soirs de la semaine et samedi toute la journée. » Ouch. Il devait avoir vu ma mine dépitée puisqu'il a tenté de me réconforter. « Hé », dit-il en passant son bras autour de mes épaules et en m'attirant vers lui. Le menton posé sur mon épaule, il me regardait avec insistance. « Si j'accumule suffisamment d'heures maintenant, j'aurai tous les crédits pour mon dossier bien avant la date butoir des inscriptions à l'université et nous aurons alors le temps de se voir, toi et moi. »

J'appréciai tout particulièrement sa façon de me consoler qui consistait à me serrer tout contre lui. « Ça va, lui murmurai-je, je suis occupée samedi de toute façon. »

« Nous pourrions peut-être aller au cinéma dimanche soir, qu'en dis-tu ? » Gio aimait beaucoup les séances de cinéma où nous pouvions nous tenir par la main et nous laisser aller à quelques petites libertés, si l'histoire devenait le moindrement inintéressante.

Malheureusement, mon portefeuille ne me permettait pas depuis plusieurs semaines déjà de petites escapades au cinéma. J'essayai de dévier la conversation. « Nous pourrions regarder un DVD chez toi, se faire du maïs soufflé et se blottir sur le sofa ? »

« Ouais, comme d'habitude ? » S'il était déçu, rien ne transpirait dans son attitude. « Que se passe-t-il ? Il me semblait que tu détestais les repas de la cafétéria ? »

Merde. Pourquoi fallait-il qu'il ramène ce sujet sur le plancher ? Pourquoi tout le monde remarquait aujourd'hui ce que je faisais depuis le début du semestre ? « Ils ne sont pas si mauvais que ça », mentis-je devant mon assiette encore bien garnie du brouet infâme que la dame au filet à cheveux m'avait servi.

Gio m'observa pendant de longues secondes avant d'ajouter : « Est-ce que tu te sens bien ? »

« Je vais très bien ! » dis-je d'une petite voix joyeuse et légère. Gio haussa les épaules. Il me croyait, non ? Je pensai qu'il ne se porterait pas plus mal s'il ne connaissait pas toute la vérité.

« Et nous, minauda Tony, quand va-t-on de nouveau sortir ensemble ? » Malgré mon impression d'être seule au monde avec Gio, le petit Tony n'avait pas perdu une miette de notre conversation. Sa question me gêna quelque peu. Avant Gio, je me moquais de ceux qui se faisaient des « mamours » en public et je ne voulais pas devenir l'égérie des câlineries en public simplement parce j'avais maintenant un petit ami. Je n'arrivais pas à comprendre comment les gens pouvaient changer de personnalité lorsqu'ils se mettaient à voir quelqu'un. J'accueillis avec soulagement le changement de sujet. « Toi et moi, dit Tony à Gio, sommes comme des frères. »

« Je te fais signe très bientôt », lui promit Gio.

« Je sais, je sais, c'est à mon tour de t'appeler. » Tony acquiesça d'un mouvement de la tête. « Je dois télécharger quelques photos sur le site du livre de fin d'année », annonça Gio en se levant.

« Je ne sais pas comment tu trouves le temps de faire tout ce que tu fais, lui dit Addy à l'autre bout de la table, un tantinet jalouse. Aurais-tu à ta disposition des journées de trente heures ? »

« Ses parents ne veulent pas qu'il travaille », lui dis-je, un peu jalouse moi-même.

« Ils veulent que je me concentre sur mes études, répondit Gio en faisant un clin d'œil à Addy. De toute façon, tout se fait, quand on gère bien son temps. Au revoir », me dit-il en déposant un petit baiser sur ma joue avant de disparaître dans la foule.

Tony fit comme si cet « au revoir » s'adressait à lui : « À plus ! » cria-t-il derrière son dos.

Je ne pouvais en vouloir au petit Tony d'avoir de l'admiration pour lui. Gio est une personne qu'il est impossible de ne pas aimer : il a un charisme incroyable, comme s'il avait trempé dans une potion magique lorsqu'il était jeune. Tout le monde l'aime. Pour la clique des sportifs, il est le bon gars qui écoute leurs histoires. Pour les filles à la mode, il est celui qu'il faut convier à leurs fêtes.

Les parents l'adorent et souhaiteraient avoir un fils comme lui. Gio n'a qu'à sourire de ses belles dents blanches pour que les professeurs mangent dans sa main.

Et mes amies ? Elles étaient en train de saliver. J'ai vu Dorie et Desiree le suivre du regard alors qu'il quittait la cafétéria. Addy fit de même. Quant à Brie, elle émit un long soupir et ajouta : « Il est à croquer ! » et lorsque je la regardai avec sévérité, elle eut cette réplique : « N'aie pas peur, je ne vais pas te l'enlever ! »

À mon grand étonnement, Addy se mit elle aussi à soupirer. « C'est vrai qu'il est à croquer. » Vous savez à quoi ressemblent les poissons lorsqu'ils pressent leur gueule contre la vitre de l'aquarium ? Eh bien, j'avais probablement cette gueule-là, à ce moment-là. Comment croire qu'Addy Kornwolf, celle qui a 80 pour cent de moyenne dans toutes les matières et qui a rayé les garçons de son emploi du temps à cause d'une mauvaise expérience l'an dernier, était tout miel devant mon petit ami ? « Oh, Vick, laisse tomber. Si tu crois que les autres filles vont s'empêcher de reluquer Gio… »

« Et ses belles fesses ! » murmura Brie, ce qui me fit presque tourner de l'œil.

Les yeux d'Addy se rétrécirent : « Bas les pattes, perverse ! » répondit-elle à Brie. Puis se retournant vers moi : « Nous sommes humaines et il est vraiment adorable. De plus, je pense que tu apprécies le fait que toutes les filles en raffolent. »

« C'est faux ! » dis-je assez fort pour couvrir le bruit ambiant. Ma dénégation ne semblait toutefois pas avoir beaucoup d'impact. Ni Addy ni Brie ne me croyaient. « C'est archi-faux ! »

« Oui, elle apprécie, cela se voit », dit alors Brie à Addy.

« C'est un genre de compliment lorsque les autres filles apprécient ton petit ami. Ce qui ne veut pas nécessairement dire qu'elles tenteront de te l'enlever. Elles l'apprécient, un point c'est tout », m'expliqua Addy qui tentait de me réconforter.

« C'est tout à fait cela, renchérit Brie, tu devrais cesser de te braquer et le prendre comme un compliment. » Un compliment ? Pour moi, cette éventualité était comme une épée de Damoclès au-dessus de ma tête. Je ne voulais pas que les autres filles s'intéressent à Gio. Je savais que je n'avais aucun contrôle sur la situation et que si je me mettais à trop y penser, cela deviendrait bien vite une obsession.

Les portes des universités les mieux cotées s'ouvraient toutes grandes devant lui et la vie lui réservait une suite sans fin de succès. Qui suis-je pour croire qu'il partagerait cette vie avec moi ? Cette question, je me la posais quotidiennement. « De plus, lorsque tu es associée à un gars comme ça, tu deviens automatiquement une fille populaire. »

Oh! toujours ce mot. Ces quatre petites syllabes ne devraient pas susciter la colère d'une fille comme moi, mais la simple mention du mot me rendait folle de rage. La popularité implique de se mouler aux attentes des autres. La popularité vous fait perdre quelque chose comme votre intégrité. Jamais je ne m'y résoudrai. Ni moi ni ma bande.

La table que nous occupons était, l'an dernier, presque vide. Les amis se comptaient sur les doigts de la main. Je n'avais jamais eu à fournir des trucs de beauté au club des « crêpeuses de chignon. » Quelque chose avait changé, mais je ne voulais pas analyser davantage cette nouvelle donne. Si je devais examiner les faits, il me faudrait avouer que Gio en était la cause. Je ne voulais pas l'admettre.

« De quoi parlez-vous ? demanda le petit Tony, vous avez toujours été populaires. »

Au lieu de répondre à Brie ou de rabrouer Tony, je les fixai sans un mot tous les deux en ramassant mon plateau et mon sac à dos, et je me levai.

« N'essayez pas de trouver un nom au groupe, leur annonçai-je alors, celui que j'ai en tête ferait frémir la Oostergard si je le disais tout haut. Considérez-vous chanceux que je vous épargne. »

Brie attendit que j'aie le dos tourné avant d'ajouter : « Je l'aimais plus lorsqu'elle prétendait être une magicienne. Elle était plus amusante. »

Je me fichais de ce qu'elle pouvait penser. Amusante ou pas, ces jours-là étaient derrière moi. Il n'y avait plus qu'un endroit au monde où j'exerçais toujours mes talents de magicienne et ce n'était pas dans les corridors de l'école.

Chapitre trois

« Lorsque je plonge ma baguette magique ou tout autre instrument à travers la carte… » Avec un subtil revers du poignet, j'extirpai l'as de pique qui se tenait bien droit dans le petit cadre en plastique. « Voilà ! »

« Ouais, c'est ce qui se produit lorsque tu pousses un crayon à travers un objet. » J'ai fait des tours de magie devant des publics difficiles mais jamais autant qu'aujourd'hui, devant cette petite fille de onze ans, de l'autre côté du comptoir. Elle était debout, les bras croisés et avait une expression sur le visage qui me rappelait celle de ma grand-mère de Seattle lorsque j'avais le malheur de roter pendant le dîner. « Tu sais ce qui se produit lorsque tu enfonces un crayon dans ton oreille ? Eh bien, tu saignes. » Elle tourna la tête vers sa petite copine et leva les yeux au ciel. Ni l'une ni l'autre ne semblaient avoir été impressionnées par ma prestation.

J'ignorai le commentaire et m'affairai à soulever le petit présentoir en plastique et le retournai pour qu'elle puisse constater que le crayon l'avait bien traversé de part en part. Le petit diable en question s'appelait Martina ; elle visitait régulièrement le magasin de farces et attrapes où je travaillais.

Sa copine était nouvelle. « Regarde bien », lui dis-je en reprenant le tour du début. Comme un chirurgien ou du moins quelqu'un qui avait longtemps joué au jeu de l'anatomie, j'extirpai le crayon.

« Super ! C'est magique ! » Derrière les deux petites filles se tenait Tabitha Hunter, la troisième spectatrice qui applaudissait à tout rompre. Ma compagne de classe n'était pas aussi stupide que j'aurais aimé le croire. Elle tentait de m'aider en fouettant l'enthousiasme de mon auditoire. « Fantastique ! » rajouta-t-elle d'un air maniaque. Elle était si excitée qu'elle ressemblait à une animatrice du jardin d'enfance qui aurait bu trop de cafés au lait du Dairy Queen.

« Elle n'a même pas terminé son tour, face de singe. » Le mépris de Martina aurait pu écorcher une surface de granit.

Tabitha eut l'air contrariée. « Face de singe, ce ne sont pas des mots qu'on emploie. » À cet instant, je compris que Tabitha n'avait jamais dû se rendre au bureau de la directrice adjointe pour avoir juré.

L'autre petite diablesse se mit à rigoler : « face de singe. »

La conversation volait très bas. « De toute façon, dis-je en essayant de me concentrer sur le tour de passe-passe que j'avais entrepris, remarquez que je peux voir à travers. » J'abaissai alors la tête sur le comptoir et mis mon œil vis-à-vis du trou.

« Extraordinaire », poursuivit Tabitha. Que faisait-elle ici, celle-là ? Monsieur Schecter n'aimait pas que mes amis viennent me voir au magasin quand je travaillais. Oubliez ce que je viens de dire : Monsieur Schecter, au fond, s'en fichait bien, je n'aimais pas que mes amis constatent mon humiliation aux mains des capitalistes occidentaux.

À l'entrée du magasin, on sentait déjà l'atmosphère du centre commercial. De temps à autre, lorsque la foule suivait une certaine direction, il nous parvenait des odeurs de bouffe qui faisaient gronder mon estomac. La journée avait été longue. Alors que je tentais de me faire croire que Tabitha appartenait à un monde parallèle où les gens à la coiffure impeccable avaient le bon sens de ne pas fréquenter ceux qui arboraient une coiffure hirsute comme la mienne, je saisis le cadre de plastique et sortit la carte. « Ta-daaaa ! » L'as de pique était intact, sans trou au milieu. « Incroyable, n'est-ce pas ? » dis-je en tentant de restreindre mon enthousiasme pour ne pas empiéter sur les plates-bandes de Tabitha.

Alors que ma compagne de classe applaudissait avec fougue, Martina se gratta le visage : « Il y a une explication. »

« Bien... », lui répondis-je d'un ton bon enfant. Si Martina voulait dépenser son allocation hebdomadaire durement gagnée pour acheter un nouveau truc pour épater ses amis, je n'avais pas à tout foutre en l'air en lui tenant des propos fielleux. « Quoi? Est-ce que je ressemble à Elisabeth Montgomery dans *Ma sorcière bien-aimée* ? »

« Non, tu ressembles à Serena, répondit Tabitha du tac au tac. Puis elle ajouta, pour s'excuser : c'était mon personnage préféré, elle me faisait penser à toi avec son petit côté funky. »

Tabitha était le meilleur argument de l'école secondaire Millard Fillmore pour embaucher des mercenaires pouvant voyager dans le temps pour aller, la nuit, mettre de l'ail dans la nourriture de ses parents et saupoudrer leur lit de poudre à gratter afin d'empêcher que Tabitha ne vienne au monde. Martina, sa petite copine à face de singe, et moi, l'avons longuement regardée jusqu'à ce que je me décide enfin à parler : « Pourquoi ne vas-tu pas voir les T-shirts pendant que je m'occupe de ma cliente ? » Tabitha ne pouvait pas ne pas comprendre.

Elle avait compris. « Oh ! OK », dit-elle en posant un doigt sur ses lèvres et en se lançant dans une pantomime afin de me faire comprendre qu'elle allait me laisser travailler en paix. Ou peut-être avait-elle besoin d'aller au petit coin ? Difficile à dire. À l'évidence, la pantomime n'était pas son fort.

Une fois le problème réglé, Martina et moi sommes passées aux choses sérieuses. « Comment fais-tu ? » voulait-elle savoir.

J'ai croisé les bras, penché la tête sur le côté en la regardant d'un air qui voulait dire que je n'étais pas née de la dernière pluie. « Voyons, il n'est pas question que je te le dise. Tu connais les règles, tu dois d'abord acheter la marchandise. »

Nous avions souvent eu ce genre de conversation depuis que je travaillais ici. Je n'allais pas céder si facilement. Elle ouvrit la bouche pour protester puis la referma aussitôt. « Je n'ai pas assez d'argent. Dis-le-moi. »

« Non, il n'en est pas question. » Je n'éprouvais aucun plaisir à lui refuser de lui révéler le secret. Martina était trop intelligente pour être nourrie à la petite cuillère. Nous le savions toutes les deux. « Sers-toi de ton cerveau, lui suggérai-je, quelle est la base de la magie ? »

« L'illusion, répondit-elle en ramenant ses cheveux ternes vers l'arrière, je suis au courant. »

« C'est ça, l'illusion. Pour créer un effet magique, tu dois faire croire à ton public que leurs yeux voient quelque chose alors qu'en fait, c'est un tout autre phénomène qui est à l'œuvre. Tu gardes leurs yeux bien occupés. »

La copine de Martina, ayant cessé d'être intéressée aussitôt le truc terminé, examinait les présentoirs de rouleaux de collants scintillants. Martina ne semblait pas avoir remarqué. « Et l'on peut faire tout ce que l'on veut, oui, je sais. » Elle croisa les bras, imitant ma posture. C'était hallucinant comme elle me ressemblait quand j'avais son âge, la même tête de mule et le besoin ardent de connaître le fonctionnement de toutes les choses. Je la plaignais sincèrement.

Je radoucis mon ton. « Tente de le découvrir par toi-même. C'est évident que le crayon n'a pas traversé la carte, lui dis-je, en lui tendant la carte pour qu'elle l'examine de plus près. »

Ses petites mains retournèrent la carte dans tous les sens avant de me la remettre. « C'est évident », dit-elle d'un ton coupant.

« Mais, pourtant le crayon a traversé la carte. Tu as vu le trou. » Je repris l'as et le lui montrai. « Ceci est le cœur du problème : comment une chose peut-elle être simultanément en deux endroits ? » Elle réfléchit à la question quelques secondes puis secoua la tête, les lèvres bien closes. Son manque de persévérance me rendit impatiente. « Réfléchis à tout ça chez toi, lui suggérai-je, parce que la solution du truc se trouve.... »

Avez-vous déjà vécu l'un de ces moments qui vous distrait de ce que vous êtes en train de faire à cause de l'apparition de quelque chose de familier et pourtant inattendu ? Au-delà des rayons de crayons et de boîtes à lunch, dans la foule qui faisait ses emplettes du samedi, j'avais cru voir Gio. C'est complètement idiot, me suis-je dit, il travaille au centre communautaire toute la journée. L'une des choses que j'ai apprises en faisant de la magie, c'est que le cerveau a le don de trouver les chaînons manquants : à partir d'événements non reliés, il s'arrange toujours pour faire des liens. Par exemple, l'odeur du fromage fondant, la mémoire du goût du pepperoni et la vue d'une boîte de carton plate sur le comptoir lui diront qu'il y a de la pizza pour dîner. Moi, j'avais entrevu des cheveux blonds en brosse, des yeux marron, un nez droit et des dents blanches et j'ai tout de suite pensé à Gio. Mais c'était loufoque. Gio était à des kilomètres d'ici. Même s'il avait pris une journée de congé, il serait venu me dire bonjour. De plus, Gio ne portait jamais de jeans et de polo noir. Il ne portait que des jeans bleus.

Mon petit « moi » réfléchissait toujours au problème pendant que mon attention était retenue ailleurs. « Comment deux choses peuvent-elles être à deux endroits différents en même temps ? » répéta-t-elle lentement. Bravo. Martina tentait de résoudre l'énigme. Elle y arriverait tôt ou tard. Je brandis la carte sous son nez, puis pliai mes doigts autour en tournant le poignet.

Lorsque j'ouvris la main, la carte avait disparu. « Maintenant montre-moi comment tu te débrouilles avec les pièces de monnaie », lui dis-je en retirant une pièce de 25 cents de ma poche.

L'escamotage est l'une des premières techniques qu'un magicien doit apprendre à maîtriser. De la façon dont Martina tenait la pièce entre son pouce et son index, je savais qu'elle avait beaucoup pratiqué cette technique depuis quatre mois. D'abord, elle était beaucoup plus confiante et me regardait dans les yeux plutôt que la pièce, contrairement aux néophytes. Un bon prestidigitateur peut rater ou réussir son tour de passe-passe avec ses yeux et l'une des ficelles du métier consiste à rendre le public captif du regard du magicien, une façon de détourner son attention de la mécanique du truc. Pendant que je la regardais, Martina passa sa main libre devant l'autre, les doigts bien à plat, en escamotant brièvement la pièce de ma vue.

Elle semblait ne pas avoir bougé un muscle, mais lorsque sa main s'abaissa, la pièce avait disparu. « Félicitations ! » À la suite de mon commentaire, la petite fille émit un soupir de soulagement. « Ne retiens pas ton souffle lorsque tu fais les tours, sois bien décontractée, la seule partie de ton corps qui doit être contractée, c'est celle-ci », lui dis-je en retournant sa main libre et en lui indiquant la base charnue de son pouce qui était légèrement contractée, juste assez pour tenir fermement la pièce en place. Quiconque voyait la main de l'autre côté pourrait s'imaginer qu'il est impossible que celle-ci tienne quoi que ce soit, mais tout bon magicien aurait su que cette enfant de onze ans avait réussi un escamotage presque parfait. « Tu t'es exercée en te regardant dans le miroir, n'est-ce pas? Refais-le un peu plus vite. Personne ne doit se douter que tu peux saisir une pièce aussi rapidement – et voilà ! » lui ai-je dit lorsqu'elle refit le tour pratiquement deux fois plus rapidement. Elle semblait toujours un peu anxieuse, mais cette angoisse diminuerait avec le temps et l'expérience.

Je lui fis refaire le tour quelques fois de plus en lui prodiguant des conseils. C'était pour cette raison que j'avais été embauchée. L'été dernier, lorsqu'il devint douloureusement évident que je devais rapporter de l'argent à la maison, je suis entrée dans le magasin de farces et attrapes et j'ai convaincu Monsieur Schecter de m'embaucher. Mes arguments étaient béton. Premièrement, j'allais insister pour que Gio achète chez Monsieur Schecter tous les accessoires nécessaires aux spectacles que nous donnions quelquefois dans les fêtes d'enfants et les rencontres de scouts.

Deuxièmement, personne dans cette ville ne pouvait exécuter aussi bien les tours de magie que moi. Sans mentionner la clientèle que je lui avais déjà amenée. À la place de Monsieur Schecter, j'aurais moi-même pris la décision de m'embaucher. Bien que je fis parfois office de caissière, que j'aidai à l'inventaire et que j'exécutai toutes les autres tâches auxquelles Monsieur Schecter est en droit de s'attendre d'une employée, j'étais avant tout en charge de vendre les accessoires de magie. Ce que je faisais avec bonheur même si cela signifiait aussi que je dusse priver des enfants inquisiteurs de leur argent de poche.

« Pense à l'as de pique ! » criai-je à Martina alors qu'elle quittait à regret le magasin avec sa petite copine sur ses talons. « Tu vas trouver la solution. »

« Je sais que je vais la trouver », m'annonça-t-elle d'un petit air arrogant.

Mais avant de passer le pas de la porte, Martina se retourna vers moi et m'envoya la main tandis que sa copine lui demandait : « Est-elle une vraie sorcière ? »

« Tais-toi », lui répondit impatiemment Martina.

J'imagine que je n'avais que ce que je méritais. J'avais été tout au long de l'année dernière si imbue de moi-même que je prétendais que ces tours de magie n'en étaient pas et que j'étais réellement une sorcière. Je n'aimais pas repenser à cet épisode peu glorieux de ma vie. Bien qu'à ma décharge, je me dise que les gens avaient des yeux pour voir et que s'ils eussent vraiment porté attention à ce que je faisais, ils auraient su. Gio, lui, ne s'y était jamais laissé prendre. Il était le seul à avoir entrevu la vraie Vick, me disai-je en caressant mon pendentif en quartz. À cette pensée, je me sentais fondre à l'intérieur, peut-être valait-il mieux ne pas penser à lui pendant que je travaillais.

D'ailleurs, il me semblait qu'il y avait beaucoup de choses auxquelles je m'efforçais de ne pas penser ces derniers temps.

« Oh ! mon Dieu ! » J'avais complètement oublié Tabitha. Elle se tenait devant moi en riant comme une démente. Elle s'était drapée par-dessus son haut violet un T-shirt noir d'inspiration gothique. « Ce T-shirt t'irait rudement bien... et à moi aussi ! » dit-elle en se retournant pour s'admirer dans le miroir à côté du comptoir. Elle n'était décidément pas elle-même, ce soir. Rien ne clochait vraiment dans sa tenue ; elle portait un pantalon de velours brun et un haut violet. Mais j'ai toujours pensé que Tabitha était plutôt du genre à porter des couleurs pastel. « Ce T-shirt est superbe ! Nous devrions en acheter un chacune et nous pourrions faire la paire ! »

Dire que je préférerais mourir plutôt que de porter cette horreur est un euphémisme. Je préférerais être transportée à la morgue avec des trous dans mes sous-vêtements et être la risée des embaumeurs, puis étendue dans mon cercueil sans aucun vêtement et voir ma dépouille exposée accidentellement dans le salon réservé à sœur Marie Marguerite de la Congrégation de la petite fleur. Oui, je préférerais créer une commotion au sein des communautés religieuses venues se recueillir devant ma dépouille complètement nue plutôt que de faire la paire avec Tabitha Hunter en portant le même T-shirt affreux. Je lui arrachai le T-shirt qu'elle tenait devant elle et me mit à le replier. « Est-ce que je peux t'aider ? Tu es sûrement venue ici pour une raison précise ? » lui demandai-je en espérant qu'elle me comprendrait à demi-mot.

Au lieu de saisir qu'elle avait amplement dépassé le temps généralement alloué à une simple visite de courtoisie, Mademoiselle parfaite se pencha vers l'avant et plaqua ses deux coudes sur le comptoir. Le bout de ses longs cheveux raides frôlait la vitre lorsqu'elle appuya son menton entre ses deux mains. « Je m'ennuie tellement », m'annonça-t-elle. Je figeai sur place. S'attendait-elle à ce que je fasse sortir des lapins de mon chapeau pour l'amuser ? « N'es-tu pas fatiguée quelquefois d'être toi-même ? Peut-être que je devrais me trouver un job. C'était si mignon de te voir avec cette petite fille. » Pensait-elle vraiment que je travaillais pour faire mignon ? Je devais travailler, contrairement à Gio à qui ses parents avaient formellement interdit de travailler pour qu'il puisse se consacrer entièrement à ses études.

Je me contentai de la fixer. Lui répondre aurait pu être interprété comme un signe que je voulais poursuivre cette conversation. « La petite avait confiance en toi. »

« Oui, c'est vrai. Bon... » J'ouvris le panneau du cabinet en déplaçant une chose puis une autre pour lui faire croire que j'étais très occupée. Je ne suis pas le genre de personne qui aime se faire complimenter. Mais il n'en demeure par moins que j'avais aidé Martina et que les résultats étaient visibles. Elle n'était pas une magicienne professionnelle, mais si elle continuait à apprendre et à affiner les techniques et à s'exercer sans arrêt, elle pourrait bien un jour le devenir et ce serait un peu grâce à moi. Il était difficile de ne pas pavoiser. « C'est elle qui doit fournir tous les efforts », dis-je d'un ton qui se voulait détaché. La porte du cabinet refermée, je pris les clés et me rendis à l'entrée du magasin. Monsieur Schecter travaillait au comptoir avant et parlait au téléphone. Je gardai un œil sur lui au cas où il aurait besoin de moi. « Ce n'est pas facile de développer une habileté quelconque. »

« Oh ! je sais ! me répondit Tabitha qui me suivait comme un chien de poche. C'est comme la gymnastique. La première fois que je me suis retrouvée devant les barres parallèles, je n'avais aucune idée de ce que je devais faire. Je me contentais d'y rester suspendue comme un singe jusqu'à ce que l'entraîneur me demande de céder ma place à une autre. Puis j'ai commencé à m'entraîner et j'ai compris ce qu'il fallait faire pour me déplacer d'une barre à l'autre. Aujourd'hui, j'adore les barres parallèles. C'est un peu comme les tours de magie. Non ? »

« Oui, c'est vrai » lui répondis-je.

Tabitha n'avait jamais été mesquine envers moi ou mes amis, j'avais donc de la difficulté à lui en vouloir. Il est encore plus difficile d'être indifférent à une personne lorsque celle-ci vous montre un côté attachant de sa personnalité. À moins bien sûr qu'elle ne le fasse consciemment. Ah, foutaise. Je savais que j'étais injuste à son égard. Une manifestation de ma propre personnalité porc-épic. On me l'a assez répété. Je devrais être plus avenante avec elle. « J'ignorais que tu faisais de la gymnastique aux barres parallèles. C'est très intéressant. »

« Tu devrais venir me voir au gymnase, un de ces jours », me suggéra-t-elle en palpant un autre T-shirt gothique qui pendait derrière moi. Je sentais que j'allais devoir lui taper sur les doigts dans une minute, je le savais. « Dis donc, dit-elle en changeant de ton, est-ce que toi et Gio allez à la fête que donne Brandon Jerome le week-end prochain ? »

Je ne sais pas si c'est à cause de ses yeux fuyants ou de la façon dont elle bougeait son corps lorsqu'elle a formulé sa question, mais j'ai su à ce moment-là que le chat sortait enfin du sac. Était-elle venue me narguer au travail à propos d'une fête ? Décidément, les choses devenaient de plus en plus bizarres dans cette ville. « Je n'avais pas l'intention d'y aller, dis-je, et je ne crois pas que Gio soit au courant.. »

« Bien sûr qu'il est au courant. » Cette dernière phrase avait été prononcée avec tant d'assurance que j'interrompis ce que je faisais et la regardai avec intérêt. « Bien sûr qu'il le sait. Brandon, Tyler et Clancy ont invité tous ceux qui sont importants et Gio fait partie du nombre. »

Oui Gio est une personne importante. Moi, par contre, je le suis beaucoup moins.

« Il ne m'en a pas parlé. » Je me sentais blessée. Il me semble que mon petit ami aurait dû me dire qu'il était invité à une fête ?

« Peut-être croyait-il que tu allais refuser ? Je suis sûre qu'il aimerait que tu l'accompagnes, mais tu sais, tu refuses toujours d'assister aux fêtes. » Je me donnai une contenance en replaçant les porte-clés personnalisés par ordre alphabétique. Si on n'y prend pas garde, Andreas se retrouve vite sous Timothy. Il est vrai que l'été dernier, les gens nous invitaient Gio et moi, qui à une fête, qui à une rencontre au centre commercial et même pour une journée complète aux cascades d'eau et chaque fois que Gio me demandait de l'accompagner, je haussais un seul sourcil en guise de réponse. A-t-il pris la décision de ne plus me demander ? « Je pense que tu devrais venir », dit-elle en jouant avec un porte-clés avec une plaque d'immatriculation du Nebraska. Puis ses mains fouillèrent à travers la lettre T, à la recherche probablement de son nom. « Ce serait amusant. Tout le monde y sera. »

Tout le monde va consommer de l'alcool, pensai-je. Non merci, l'alcool a déjà fait assez de ravages dans ma famille. « Qui y sera, exactement ? » Tandis qu'elle me récitait une longue liste de noms, je pensais à Gio qui me cachait des choses. Bon, d'accord, pas de gros secrets sordides, mais de petites choses comme des invitations à des fêtes et je ne pouvais m'empêcher de penser que c'était peut-être le début de la fin. Un jour, vous apercevez de petites fissures au plafond et quelques mois plus tard, il s'effondre.

Est-ce la même chose qui se produit avec les petits secrets ? Un gars omet de mentionner une ou deux invitations à une fête à la personne qu'il dit aimer le plus au monde et puis, tout bascule, et ces deux personnes n'ont plus rien à se dire. Cette pensée me remplit d'effroi. « Oh, oui, je vois... », ajoutai-je lorsqu'elle eut terminé son énumération. À la blague, je lui dis : « J'imagine que ce sera une fête comme dans le film *Carrie* au bal du diable, où tous se donneront le mot pour m'humilier. Tout ira très bien jusqu'à ce que je reçoive un seau de sang de cochon sur la tête. »

Elle rit comme si j'avais dit une énormité : « Voyons, Vick, c'est une bande de gens qui ne veulent que s'amuser et cela va probablement finir par un visionnement de DVD. Ne sois pas si élitiste. » Moi ? Élitiste ? Elle plaisante ! « C'est comme je te disais tout à l'heure, les gens s'ennuient et ont besoin de changement. Viens donc et amène tes amis. Brie est déjà invitée. Tu pourrais demander à... je ne sais pas.... » Elle se mit soudainement à manipuler la collection de petites peluches, à les décrocher puis à les remettre à la mauvaise place jusqu'à ce que je pense à l'attraper par son gros collier de billes et à la lancer dans les airs. « Ton ami Ray, par exemple ? »

« Qui ? » fis-je totalement surprise par sa demande. Brie, j'aurais pu comprendre, Addy aussi, mais Ray ? Ray était sans contredit l'une des personnes les plus créatives que je connaisse, mais personne d'un tant soit peu raisonnable ne pouvait le considérer comme un fêtard. « Non, non j'ai bien compris », lui dis-je lorsqu'elle se mit à répéter sa demande.

« Je suis simplement étonnée que tu connaisses Ray. » Je me dépêchai de remettre en place les petites peluches qu'elle avait déplacées.

Tabitha la tornade, qui ne semblait pas remarquer que je rangeais tout ce qu'elle avait chamboulé sur son passage, était en train de martyriser la figurine Bouffon fétide (Fester Jester). « Oh ! nous étions dans la même classe de littérature l'an dernier. Je n'étais pas assise à côté de lui, Gio aussi y était… bien, j'avais pensé…. » Je cessai abruptement de ranger. Comme il n'y avait pas d'autres clients dans le magasin, la voix de Tabitha était anormalement forte même lorsqu'elle murmurait : « C'est un gars qui semble assez cool. »

Décidément, elle avait une idée derrière la tête. Une fois que je l'eus devinée, mes yeux se rétrécirent. « Ma parole, ajoutai-je comme si j'avais reçu un coup de bâton sur la tête, tu aimes Ray ! » Les yeux de Tabitha s'agrandirent comme des soucoupes en signe de dénégation, mais lorsque je constatai qu'une rougeur lui montait au visage, je sus que j'avais raison. J'en fus tellement surprise que je me mis à rire nerveusement : « Oh ! mon Dieu ! »

« Ne ris pas de moi, me supplia-t-elle d'une voix plus posée, je veux simplement mieux le connaître. »

« Non, non, non, ce n'est pas ça », repris-je sans perdre de temps. À n'importe quel autre moment de la soirée, j'aurais accueilli l'intervention de Monsieur Schecter avec soulagement. En fait, je l'aurais payé pour qu'il vienne me dire avec ses petites lunettes en demi-lune posées sur son nez qu'il préférait que je ne fraye pas trop avec mes amis pendant mes heures de travail. Présentement, je craignais justement que cette idée ne lui passe par la tête. L'entraînant vers l'arrière du magasin, je me mis à ranger une pile de T-shirt que j'étalai sur le comptoir des accessoires de magie, pour avoir l'air affairé.

Que quelqu'un puisse éprouver un sentiment amoureux à l'égard de Ray, une personne aussi distante, me renversait. Mais, je me rappelai que ce dernier avait eu une attitude bizarre, comme s'il draguait, au début de cette semaine. « Alors, dis-moi, vous étiez dans la même classe. Que s'est-il produit ? »

Je n'avais jamais adopté ce petit ton de confidence auparavant. Bientôt je coifferai mes cheveux vers l'arrière et je me mettrai à la lecture des magazines de filles qui offrent des conseils de beauté et des trucs pour séduire les garçons à la pharmacie, et ensuite je glisserai peu à peu vers la déchéance en me mettant à comparer les diverses marques de bâtons de rouge dans les toilettes des filles. Toutefois, Tabitha ne semblait pas avoir remarqué ce changement. « Bien, dit-elle, soulagée d'avoir enfin trouvé quelqu'un à qui se confier, au début de l'année, Ray s'assoyait à l'extrême gauche de la classe et moi, j'étais assise à la troisième rangée de la droite, à l'avant-dernier siège. Puis au retour de la semaine de relâche, il a adopté le quatrième siège sur le deuxième rang de gauche. En remarquant cela, j'ai convaincu Franckie Pescatori de changer de place avec moi en lui disant que j'avais de la difficulté à voir le tableau à cette distance, nous étions donc, lui et moi... »

Jamais je n'aurais cru que les conversations de filles pouvaient être si compliquées et demander autant d'attention. J'avais l'impression que la tête allait m'éclater d'un moment à l'autre. « Bon, tu t'es rapprochée de lui », lui dis-je en tentant de raccourcir son discours sur la géographie de l'amour.

« Oui, c'est ça », dit-elle ravie de constater que je suivais bien son histoire. Je remarquai qu'elle ne tripotait plus la marchandise, elle était tout à son récit. « Puis, un jour, Monsieur Camm a demandé à Ray de lire devant la classe un de ses poèmes. »

Déjà à l'époque où mes amis et moi étions considérés comme des moutons noirs, voire des loups dans la bergerie entièrement composée de gentils agneaux blancs sans tache, les professeurs invitaient Ray à lire ses poèmes devant la classe. Tout le monde se souciait de nous comme d'une guigne, comment alors expliquer cet intérêt si soudain ? J'avais peut-être tort d'être si méfiante envers Tabitha. Elle semblait si sincère. « Le poème était intitulé *La Maison de la solitude* et parlait d'une fille qui avait bâti autour d'elle un gros mur de briques pour qu'elle n'ait pas à voir la laideur qui l'entourait. C'était un poème magnifique qui m'a beaucoup touchée.. »

Allait-elle se mettre à pleurer? Devrais-je lui tendre un mouchoir de papier? Serais-je obligée de... Oh! non! Serais-je obligée de la prendre dans mes bras ? Non, ma petite poétesse Elisabeth Barrett Browning reprit ses esprits en réprimant un petit sanglot. « Oui, Ray est un bon poète. Du moins, les poèmes que j'ai lus. Il ne parle pas beaucoup de ses poèmes. »

« Je suppose qu'il n'a jamais mentionné.... » Tabitha secoua la tête et regarda au loin en prononçant cette phrase inachevée. Il ne fallait pas être sorcier pour finir sa phrase : « Je suppose qu'il n'a jamais mentionné mon nom ? »

« Ray est un solitaire », lui dis-je en pesant mes mots. Je ne voulais pas la blesser. Tabitha n'avait jamais fait partie du club des « crêpeuses de chignon » qui nous avait empoisonné l'existence l'an dernier, mais je voulais avant tout éviter que Ray ne sorte blessé de cette aventure. Il y avait des raisons bien précises pour lesquelles les autres s'en prenaient à Ray.

« Tu sais que Ray est différent, n'est-ce pas ? » Une partie de moi était tout à fait révoltée à l'idée de devoir formuler une telle question. J'avais l'impression de le trahir. Ce n'était pas un grand secret, mais je me sentais tout de même mal à l'aise. « Tu sais qu'il n'est pas comme les autres gars ? »

« Oui, je sais, il écrit des poèmes magnifiques », fit-elle en fermant les yeux.

Merde ! Elle ne comprenait rien. Je détestais avoir à mettre les points sur les « i », mais si je ne le faisais pas maintenant et qu'elle l'apprenait plus tard, elle paniquerait. Et si Tabitha prenait ses jambes à son cou sans se soucier de ce que ressentait Ray, je devais lui montrer pas plus tard que maintenant à quoi ressemble la vraie souffrance. « Non, lui dis-je en essayant d'être le plus diplomate possible. Bon, tu sais qu'extérieurement Ray ressemble à un gars, mais en dessous, il .... »

« Il est très sensible, tu veux dire », me répondit Tabitha en complétant ma phrase.

Non, ce n'était pas tout à fait ce que je m'apprêtais à dire. « Ce que j'essaie de te dire, c'est que Ray n'est pas constitué comme les autres gars. »

Voilà. J'avais été on ne peut plus clair. Durant une seconde, j'ai cru avoir arraché les œillères qui recouvraient les yeux du petit visage acnéique de Tabitha. Au mieux, elle nierait puis, en se rendant compte que je ne blaguais pas, elle marmonnerait une excuse quelconque avant de disparaître complètement de ma vie ; au pire, elle se mettrait à hurler et à courir comme une folle dans le centre commercial avant de s'éborgner en heurtant de plein fouet un employé qui transportait un assortiment de brochettes de souvlaki. Après un long moment, elle posa ses mains sur ses hanches et releva la tête et vint le déni total. « Ah ! mon Dieu ! » dit-elle en riant.

Je le savais ! Elle croyait que je blaguais ! « Tu es si mignonne ! Le mot juste est transgenre. »

Je me suis sentie rougir. Est-ce que cela paraissait ? « Oui », lui répondis-je en voulant enfouir mon visage enflammé dans un seau très froid de neige carbonique. « Oui, c'est le mot juste. »

« Bien sûr que je suis au courant. Tout le monde est au courant », m'informa Tabitha, les bras croisés. C'était à mon tour de vouloir m'enfuir en courant. Lorsque vous connaissez les particularités de vos amis depuis si longtemps, vous avez tendance à ne plus les percevoir. Comme tous ceux qui faisaient partie de mon petit cercle d'amis, je considérais Ray comme un des gars de la bande. Et il ressemblait tellement à un vrai mâle avec sa petite moustache et ses longs favoris que je pouvais comprendre l'étonnement de quiconque en apprenant la vérité. Mais en ce moment précis, Tabitha me dominait totalement et j'avais l'air de ce que j'étais : une parfaite idiote. Puis, elle secoua vigoureusement la tête et me dit : « Ne va pas croire que je voulais ce type de relation avec lui. »

J'ignore laquelle des deux était la plus rouge présentement. « Oui, je sais », lui dis-je en lui mentant effrontément. Qu'est-ce que j'étais censée croire ? C'était elle qui aurait tout donné pour ne plus être dans sa peau. « Je n'ai pas dit que c'était ce que tu voulais », lui répondis-je.

« Je voulais tout simplement mieux le connaître. »

« C'est ce que je pensais », lui répétai-je en jetant des regards vers l'avant du magasin pour voir si Monsieur Schecter avait entendu ce que nous nous disions. L'un de nos cris de protestation avait dû se rendre jusqu'à ses oreilles puisqu'il me regardait droit dans les yeux.

Il ne semblait toutefois pas fâcher, il me fit simplement signe de baisser un peu le ton.

Tabitha retrouva son calme et me suivit vers l'avant alors que je tentais de me frayer un passage à travers toutes les cochonneries que nous avions étiquetées à quarante pour cent de plus que le prix coûtant et que nous vendions à une clientèle qui ne se doutait de rien. « Je pense qu'il a beaucoup de talent, m'expliqua-t-elle, et qu'il est très intéressant. Bien sûr je savais qu'il était transgenre. » Lorsque j'émergeai de derrière le contenant des affiches de groupe qui constituaient l'article le plus vendu du magasin et me retrouvai face à Monsieur Shecter, elle continuait à babiller : « Cela n'a aucune d'importance qu'il ait ou pas les attributs d'un gars si je n'ai aucune intention d'aller vérifier si tout y est. N'est-ce pas ? »

Cette dernière question s'adressait plus à Monsieur Shecter qu'à n'importe qui d'autre. Pauvre diable. Il se frotta l'oreille (comment se fait-il que les hommes, dès la quarantaine, voient les parties encore glabres de leur corps se couvrir de poils ? Le jour où Gio se mettra à avoir du poil dans le dos ou dans les oreilles sera le jour où j'achèterai une tondeuse à cheveux) et la toisa du haut de ses lunettes en demi-lune : « J'allais chercher de l'eau, me dit-il, incapable de détourner ses yeux de Tabitha, je pourrais peut-être vous apporter un soda ? »

Quel patron adorable ! Je le remerciai, mais je ne voulais pas abuser de sa gentillesse : « Je vais rester à l'avant pendant que vous serez parti. Mon amie doit partir dans une minute. »

Lorsqu'elle m'entendit la qualifier d'amie, Tabitha se redressa subitement, ce qui m'agaça profondément.

« Rien ne presse ! » répondit Monsieur Shecter en ajustant ses lunettes sur son nez et en nous faisant un grand sourire.

Tabitha attendit qu'il ait presque passé le pas de la porte avant de lui lancer « Au revoir ! » Monsieur Shecter faillit heurter une femme qui manœuvrait une poussette à deux places en se retournant pour regarder une dernière fois mon amie. « Dieu qu'il est chou ! Ce doit être agréable de travailler pour un patron aussi gentil », déclara-t-elle.

« Oui, il est très gentil », lui dis-je brièvement en m'installant derrière le comptoir.

Tabitha ne faisait toujours pas mine de partir : « Je devrais me trouver un emploi. J'imagine que tu peux t'acheter beaucoup de CD avec l'argent que tu gagnes et, en plus, tu rencontres des gens intéressants ! »

« Ce n'est pas pour ça que je travaille », lui rétorquai-je, un peu ennuyée par sa vision des choses.

Je n'avais pas acheté un seul CD depuis des lustres et je pouvais très bien me passer de tous ces gens « intéressants » qui viennent au magasin et qui s'attendent à ce que je sois immédiatement et totalement à leur service.

« Oui, je pense que ça me ferait un bien énorme ». Puis elle changea soudainement de sujet : « Dis, tu lui transmettras mon invitation ? »

« À qui ? »

« Mais à Ray, voyons ! répondit-t-elle en riant à gorge déployée. Mon invitation à la fête ! »

« Je ne peux inviter quelqu'un à une fête donnée par quelqu'un d'autre. Ça ne se fait pas », lui dis-je en souhaitant ardemment être ailleurs.

« Bien sûr que tu peux le faire, ce n'est pas ce genre de fête. De toute façon, je vais en glisser un mot à Brandon. Alors, tu le feras ? »

Elle me regardait avec des yeux si implorants que j'aurais voulu me cacher derrière le comptoir et retenir ma respiration jusqu'à ce qu'elle parte. « Oh ! je ne sais même pas si moi je vais y aller. »

« Bien sûr que tu viendras, dit-elle en s'esclaffant à nouveau, je suis certaine que toi et Gio viendrez. »

Il y a des insectes, surtout l'été, qui ne semblent jamais comprendre que vous ne voulez pas qu'ils papillonnent autour de vous en bourdonnant et en battant des ailes. Pourtant, il existe une multitude d'endroits dans l'univers où ils pourraient se retrouver, mais non, ils tiennent absolument à vous empoisonner l'existence en se tenant à quelques centimètres de votre visage, et se livrent à leurs manœuvres d'insecte. Tabitha se comportait comme ce genre d'insectes. J'avais beau tout faire pour m'en débarrasser, elle me collait au train. Était-ce l'odeur de mon shampoing ? « Je vais voir ce que je peux faire. »

« Dis oui! »

Crotte. Elle m'avait eu : « Je vais faire mon grand possible », ajoutai-je en la détaillant de haut en bas. Son apparence n'était vraiment pas comme d'habitude. « Je vais en parler à Gio et je dirai à Ray.... »

Je n'arrivais pas à finir ma phrase. Une fois de plus, alors que ma bouche était en mode automatique, mon cerveau faisait des bonds à mille lieues de là. Alors que je ne prêtais pas vraiment attention à autre chose qu'au petit visage en forme de cœur de Tabitha, je vis, à nouveau, en vision périphérique, là-bas dans le centre commercial, cette silhouette connue qui marchait cette fois en direction de l'aire des restaurants. Eh ! regarde! me disait mon cerveau, c'est Gio !

Tabitha continuait à caqueter lorsque que je m'élançai vers la porte. « Tu lui demanderas de venir ? Mais ne lui dis pas que c'est moi qui veux qu'il vienne. Je ne veux pas passer pour une espèce de demeurée. Vick ? »

« Est-ce bien Gio ? me demandai-je tout haut. La silhouette tout de noir vêtue que j'avais entrevue était la même que j'avais vue auparavant alors que je discutais avec Martina. Il semblait être accompagné d'une fille qui était aussi vêtue de noir. Tout ce que je voyais c'était l'arrière de sa tête coiffée d'une casquette de baseball. Une casquette de baseball ? Voyons ! Quatre-vingt-cinq pour cent des gars de l'école Millard Fillmore passaient leur temps libre à mouler leur casquette sur des tasses de café pour arriver à cette courbe parfaite de la palette qui confère un statut particulier propre aux seuls membres de la tribu des chromosomes XY, mais ce n'était pas le cas de Gio. Celui-ci était trop fier de ses cheveux en brosse pour les écraser sous une casquette.

« Où est-il ? » me demanda Tabitha qui se tenait à côté de moi, le regard fouillant la foule. À cause du trop grand nombre de gens qui portaient leurs achats à leur voiture avant que le centre commercial ferme, elle n'avait pas eu la chance d'entrevoir le gars dont je parlais. « Et il ne serait pas venu te dire bonsoir ? Bizarre. »

Je ne pouvais pas quitter le magasin avant que Monsieur Schecter ne revienne. « Ce n'était pas lui, lui dis-je en retournant derrière le comptoir. J'ai fait erreur. »

Tout ce que j'avais vu, c'était un gars qui avait la même stature, les mêmes cheveux blonds et la même démarche à la fois volontaire et nonchalante que Gio.

Une fois de plus, mes sens m'avaient trompée. Après une longue journée de labeur, j'avais vu ce que je désirais le plus voir, soit celui qui me ravissait chaque fois qu'il s'approchait de moi.

Le jour où j'irais lui raconter cela, nous allions probablement en rire tous les deux. N'est-ce pas ?

Malheureusement, je n'y croyais qu'à moitié.

Chapitre quatre

Savez-vous ce que j'aime le plus de Gio ? De temps à autre, quand il savait que je le regardais, il se tournait vers moi et me souriait. La plupart du temps, il le faisait sans raison aucune. Et sans prononcer un mot. Lorsque nous étions en train de regarder la télévision, ou de jouer à l'un de ses jeux vidéo, ou encore en train d'étudier à la bibliothèque et soudain, j'avais droit à ce sourire magnifique et lumineux. Chaque fois que j'essayais d'imaginer ce qui avait bien pu provoquer cette douce attention, j'en avais des frissons de plaisir.

J'aime ta présence, semblait dire ce beau sourire, et je te remercie d'être ici avec moi. Quelle fille ne fondrait pas devant tant de gentillesse ? Lorsque Gio, le lundi suivant, loin devant moi dans la file de la cafétéria, me décocha par-dessus son épaule l'un de ces sourires, mon cœur se mit à fondre. Quand ce phénomène se produit, une partie de moi voudrait me rappeler que seules les sottes perdent la tête devant un gars si sexy, tandis que l'autre partie de moi-même n'en a cure et ne cherche qu'à être aussi sotte que possible.

Sur le coup, j'en oubliai de prendre un plateau sur la pile. « J'espérais que l'on mange à l'extérieur aujourd'hui, sur l'un des bancs près de l'allée Pop », lui dis-je en me sentant soudainement très timide. J'avais dû travailler le dimanche après-midi et Gio se sentait trop crevé à cause de son travail de bénévolat qu'il avait fait tout le week-end pour que l'on se voie le dimanche soir. Nous avions conversé près des casiers le matin, mais je désirais un moment plus intime avec lui.

« Il ne fait pas très chaud dehors », me dit-il.

J'allais lui répondre lorsqu'une tête en forme de melon surmontant un petit corps nerveux émergea de nulle part. « Si tu as besoin de chaleur bébé, je suis celui qu'il te faut. »

« Tony, décampe ! » grognai-je. Pourquoi étais-je toujours victime de mauvaises blagues ? « Je voulais dire toi et moi, Gio. »

Nous empêchions les autres d'avancer. Une ou deux personnes impatientes nous dépassèrent en me heurtant le dos de leur cabaret. Gio n'eut qu'à faire un geste de la tête pour que Tony s'en aille. Visiblement déçu, ce dernier me contourna et se dirigea vers la sortie. Comment se faisait-il qu'il n'obéissait pas à mes ordres comme ça, instantanément ? « Oui, bien sûr, reprit Gio lorsque Tony eut disparu, tout ce que tu veux. Tu manges encore un repas chaud aujourd'hui ? » dit-il en avisant les ustensiles en plastique que j'avais déposés dans mon cabaret. « Je ne prends qu'un jus d'orange, mais si tu veux, je peux faire la file avec toi. »

« Non ! » Avait-il perçu la panique dans mon ton ? Je tentai de rester calme et d'ignorer le fait que mes aisselles n'étaient plus aussi sèches que tout à l'heure et que je venais de crier suffisamment fort pour lui crever le tympan. « Tu devrais prendre ton jus et nous trouver une table à l'extérieur avant qu'elles ne soient toutes prises. »

« Cela m'étonnerait, il fait vraiment froid, me dit-il calmement, de plus j'aime être avec toi le plus longtemps possible. »

Je me sentis coupable de vouloir l'éloigner de moi, mais je ne voulais pas qu'il soit à mes côtés lorsque j'aurais atteint la fin de la file. Tous mes amis apportaient leur lunch; depuis le début de l'année, j'avais réussi à n'avoir aucun d'entre eux à mes côtés lorsque venait le moment de passer à la caisse enregistreuse. Je ne voulais pas inaugurer l'après-midi avec une grande révélation. « Oh, s'il te plaît, je n'ai pas eu le temps de me faire un lunch, je vais prendre quelques trucs à manger en vitesse et je te rejoins. De plus, l'odeur n'est pas très appétissante ici. » Je lui souris pour lui montrer que je ne lui en tiendrais pas rigueur. « Allez, file, je te rejoins. »

« D'accord. » Je voyais bien qu'il était plutôt heureux de ne pas avoir à s'engager avec moi dans ce couloir de mauvaises odeurs. « Mais dépêche-toi », ajouta-t-il.

Le petit baiser qu'il déposa alors sur ma joue aurait suffi pour que j'accélère la cadence sans plus d'incitatif. Je le regardai alors qu'il se servait un jus du frigo et prit le même chemin que Tony quelques minutes auparavant.

Même si je hais cette pensée, j'étais contente qu'il ne soit plus là.

« C'était assez touchant. » Lorsque je me retournai pour connaître celui qui venait de passer ce commentaire, j'aperçus le grand dadais de Tyler Woodwell, coiffé de son éternelle casquette grise en laine et qui m'observait du haut de son mètre quatre-vingt-cinq en souriant de son plus beau sourire niais.

Je camouflai mon embarras sous des dehors revêches. « Cela s'appelle un baiser et c'est un signe d'affection chez les primates les plus évolués. » J'attrapai un berlingot de lait du frigo et déposai mon plateau avec fracas sur les rails de métal. La dame au regard éteint qui officiait derrière les barquettes fumantes me posa sa question quotidienne. Je lui montrai les pâtés de bœuf haché, les pommes de terre en purée puis, avec réticence, la macédoine de maïs et de haricots verts. « Tu comprendras peut-être un jour lorsque tu seras un grand garçon, les sentiments des hommes envers les femmes. »

« Aie ! » répondit Tyler en secouant sa main comme s'il avait eu les doigts coincés dans la portière d'une auto. « On se calme, Marotti, je ne me moquais pas de toi. J'ai simplement dit que c'était une scène touchante. C'est tout. » L'employée de la cafétéria lui tendit par-dessus le comptoir une assiette presque identique à la mienne. Il en analysa le contenu un moment avant de me dire : « Arrête de faire ça ! »

Comme je ne le regardais pas lorsqu'il émit cette dernière remarque, je n'étais pas certaine qu'elle s'adressait à moi. « Arrêter quoi ? »

« Ce que tu fais toujours chaque fois que je suis là. » Il me signifia du regard d'avancer. Je glissai mon plateau vers les desserts. « Comme si j'allais te voler ton sac de bonbons d'Halloween. »

« Je ne comprends pas ce que tu veux dire, lui répondis-je avec hauteur, et je n'aime pas les bonbons. » Je prétendis examiner les desserts avant de lui tendre une perche : « Je n'ai rien fait. »

« Oh ! oui ! tu te braques », me répondit-il.

La mâchoire me tomba devant l'outrage : « Je ne me braque pas. »

Tyler poursuivit en mimant mon attitude qui ressemblait à celle d'une personne souffrant de constipation. Quel débile ! J'étais la mieux placée pour savoir si je me braquais ou pas. « Tu prends le jello bleu ou vert ? »

« Quoi ? » Lorsqu'il me désigna les coupes enveloppées d'une pellicule plastique, je pris l'emballage de cellophane contenant deux biscuits à l'avoine et le déposai dans mon plateau puis je continuai d'avancer.

Tyler ne cessait de pérorer. « Pour ma part, je préfère le jello bleu ; il y a du jello vert, orange, rouge, on pourrait presque croire qu'ils proviennent effectivement d'un fruit, mais le bleu ? Personne n'a jamais entendu parler de nourriture bleue ?

« Et les bleuets, tu connais ? » contre-attaquai-je. Je n'avais aucune idée où il voulait en venir.

« As-tu déjà observé un bleuet de près ? Il n'est pas bleu, il tire plus sur le violet ou le marine en fait. »

« Les M&M bleu alors. »

Habituellement, lorsque je dis une phrase de ma voix la plus grave en haussant les sourcils, les gens comprennent le message et cessent de m'importuner. Apparemment, Tyler ne faisait pas partie de ce groupe. Il se prit une serviette de table et une paille pendant que nous attendions notre tour de payer à la caisse. « Un excellent produit alimentaire, cent pour cent artificiel, ajouta-t-il, tu vois, le jello bleu doit être excellent pour la santé puisqu'il est entièrement l'œuvre de l'homme. » Comme je ne relevais pas le commentaire, il cessa de parler pendant au moins une minute. J'espérais que sa dernière réplique marquerait la fin de la conversation, mais non, il reprit de plus belle :

« Comment as-tu trouvé le dernier examen d'histoire? »

Je me tournai vers lui encore une fois en lui décochant le fameux regard Marotti, le regard qui tue. La vision de ce regard peut assécher les plaies purulentes, les étangs et le produit national brut des très petits pays. En fait, le garçon derrière Tyler qui était impatient de savoir qui retardait la file n'avait eu qu'à jeter un œil pour reprendre silencieusement sa place.

Une personne était totalement ignorante de la signification de ce regard. « Tu vois, c'est ce que je te disais, tu te braques. » J'allais protester lorsque Tyler ajouta : « Mais qu'est-ce que je t'ai fait à la fin ? »

Il voulait savoir et bien tant pis pour lui, il allait être servi : « Qu'est-ce que tu m'as fait? Te souviens-tu lorsque toi et ta bande d'abrutis m'avez ligotée et enfermée dans le placard des instruments de musique ? T'en souviens-tu ? »

Tyler m'imita en se croisant les bras et, en étirant le cou, me répondit : « Je n'y étais pas. »

« Oh ! oui ! tu... » C'était vrai, il n'y était pas me rappelai-je soudain. Beaucoup de gens avaient assisté à ce qui devait être un numéro d'éclat, celui de ma dématérialisation, orchestré de toutes pièces par Gio et moi pour me propulser au statut de légende vivante.

« Les gens qui ont participé ont même dit que c'était Gio qui les avaient incités à le faire. » Bien sûr, qu'il l'a fait.

À l'époque, nous n'étions pas officiellement en couple et les gens ne savaient pas que nous nous entendions si bien. Gio avait réglé une mise en scène visant à faire croire que j'avais été victime d'un coup monté alors qu'en fait, lorsque j'étais enfermée dans ce placard, je m'étais hissée dans l'espace du plafond et j'avais rampé jusqu'au placard du concierge, situé de l'autre côté du corridor. Tyler me lança un drôle de regard et me dit : « Tu es très amie avec lui aujourd'hui. »

« La situation est différente. » Je lui aurais bien expliqué en quoi consistait cette différence, mais je n'arrivais pas à placer un mot. « La raison pour laquelle j'étais absent, c'est que je m'étais cassé la jambe à cause de toi. »

« Ce n'était qu'une coïncidence », lui répondis-je en avançant mon plateau.

« Je me rappelle fort bien que tu m'avais lancé un sort et que tu m'avais dit qu'un événement désagréable allait se produire. Une semaine plus tard, je me suis fracturé la jambe à trois endroits et depuis je ne peux plus jouer au ballon. Ce jour-là, j'avais rendez-vous avec le physiothérapeute. Et tout ça à cause de toi, mais je ne t'en veux plus », dit-il en me souriant de toutes ses dents comme pour me prouver que sa dernière assertion était vraie.

Une petite tête apparut à côté de la taille de Tyler. C'était le jeune garçon qui le suivait et qui, une fois de plus, se plaignait : « Allez-vous finir par avancer ? »

« Es-tu vraiment si pressé de goûter au steak Salisbury ? Il contient de la nourriture pour chien, tu sais », lui répondis-je même si je savais que c'était le genre de remarque qui pouvait me valoir une visite au bureau de la Oostegard.

« Passe devant nous, lui dit Tyler, elle compte les glucides, ce qui explique son sale caractère. »

« Je suppose », murmura le jeune.

« Je ne t'ai pas vraiment jeté un sort », lui dis-je malgré moi. Mes amis savaient très bien à quoi s'en tenir à propos de mes supposés dons de sorcière, mais le reste des étudiants de l'école ignorait que ces dons n'étaient que de vulgaires tours de passe-passe. J'aimais qu'ils demeurent dans le doute. « Si tu es assez stupide pour croire qu'une personne peut vraiment jeter un sort à une autre… »

« Je sais bien que ce n'est pas vrai. » J'étais tellement surprise par sa réponse que je ne pus que le regarder sans dire un mot. « À moins que tu n'aies été derrière moi pour me pousser lorsque j'ai mis le pied sur la planche à roulettes de ma petite sœur avant de débouler l'escalier. Je n'ai jamais dit que cet accident était de ta faute. Ce sont les gens qui en sont venus à cette conclusion. »

Je lui jetai un œil noir. Tyler était peut-être plus intelligent que je ne l'avais d'abord cru. Ses notes en histoire n'étaient pas mauvaises non plus. Nous nous rapprochions de plus en plus de la caisse enregistreuse. Le garçon juste devant moi reprenait son plateau et se dirigeait vers la salle. À ce moment-là, je paniquai alors que je cherchais mon portefeuille dans la poche de mon jeans cargo. « Passe devant », ordonnai-je à Tyler. Il fut si surpris qu'il haussa les sourcils jusqu'à ce qu'ils touchent le rebord de sa casquette de laine. « Allez, vas-y. »

« On se calme, j'y vais, murmura-t-il en saisissant son plateau et en passant devant moi, voilà ce qui arrive quand on tente d'être gentil avec quelqu'un. »

« Je dois sortir mon argent. » Je me sentais vaguement coupable. Je savais que je pouvais être très tranchante. Après avoir été la timide Vickie si longtemps, j'avais développé une épaisse carapace pour me protéger. J'avais beaucoup de difficulté à laisser tomber cette armure. « Ne discute pas, vas-y. »

Il ne se fit pas prier et était déjà à la caisse en train de sortir une grosse liasse de billets, la tête déjà ailleurs.

Ce qui n'était pas pour me déplaire. Je ne voulais pas qu'il me voie sortir cette carte bordée de bleu, la preuve que tout avait bien mal tourné depuis trois mois. Je la saisis de façon à ce que ni Tyler ni le jeune derrière moi ne la remarque.

En relevant la tête, je vis que Tyler m'attendait près de la caisse. « Ne m'attends pas », lui dis-je d'un ton que j'espérais posé. « Allez, va manger ton bon jello bleu. » Il ne bougea pas d'un iota. « Bye, Bye », lui dis-je. Il secoua la tête et s'éloigna enfin.

Melba, la caissière, me fit un petit salut de la tête lorsque je lui glissai la carte dans la main ; elle la numérisa avant de me la remettre. Même si nous faisions la même transaction tous les jours depuis des semaines, et même si elle n'avait jamais rien fait d'autre que de me sourire, chaque fois que je quittais son aire de travail, je marchais la tête basse. Comme un bandit qui quitte la scène du crime, j'attrapai mon plateau, marmonnai un quelconque merci et me dirigeai rapidement vers les portes menant à l'extérieur. Je savais que mon comportement était idiot. Je n'étais pas la seule à avoir droit aux repas gratuits de l'Oncle Sam. Ici, même à cette école, il y en avait plusieurs. Mais j'aurais souhaité ne pas être l'une d'entre elles. J'aurais souhaité que mon père conserve son travail ou qu'il en trouve un autre. Je souhaitais beaucoup de choses.

Malgré le fait qu'il fasse un peu froid, le grand air me fit grand bien. Le silence m'en fit encore plus. Derrière la cafétéria, un sentier menait au stationnement des étudiants où un toit en tôle avait été installé pour protéger des éléments quelques distributrices de boissons gazeuses.

Nous appelions tous cet endroit l'allée Pop et il était un peu dommage que l'endroit ait la réputation d'être le point de ralliement des délinquants, parce qu'une fois dépassé les grosses machines bruyantes, des tables de pique-nique avaient été installées un peu plus loin sur la pelouse verte. Gio avait choisi celle qui jouxtait le trottoir et avait déjà déballé son lunch. « Bonjour », me dit-il, heureux de me voir.

« Tu n'auras pas trop froid ? »

« Non », lui répondis-je en regardant l'assortiment de petits plats de plastique qui trônait devant lui. La mère de Gio s'y entendait bien pour préparer des lunchs appétissants pour son garçon en pleine croissance. À sa droite, il y avait une petite salade accompagnée d'une vinaigrette crémeuse. Puis, il attaqua avec sa fourchette ce qui semblait être un hamburger sans pain, recouvert de ketchup. J'imaginais facilement sa mère en train de préparer ce genre de hamburger en mélangeant de la viande hachée à de la mie de pain et des oignons que son père avait fait cuire sur le barbecue en acier inoxydable qui décore leur patio. Gio me sourit et nettoya son couteau en plastique avec sa langue. « C'est bon, même si c'est froid ? »

« Bien sûr. Les restes n'ont jamais besoin d'être réchauffés. » Il posa son couteau sur le dessus d'un contenant qui renfermait une portion de tarte aux pommes. La tarte semblait provenir de la section des produits surgelés, mais ce genre de tarte lorsqu'on la réchauffe au four est presque aussi bonne qu'une tarte maison ; cette tarte était pour moi la chose qui s'approchait le plus de la cuisine maison que j'avais vue depuis bien longtemps. « Et toi, ton repas est-il bon même froid ? »

Moins on discutait de mon lunch et mieux je me portais.

Je me servis de mon couteau pour chasser un mégot de cigarette du banc avant de m'asseoir. Je n'en avais de toute façon pas besoin pour couper le steak Salisbury, qui était de consistance si molle que même les personnes âgées dont s'occupait Gio au centre communautaire auraient pu le manger sans dentier. « Tu me manques », lui dis-je en m'assoyant.

Il me couvrit les mains avec les siennes. « Je sais, tu me manques aussi. L'automne s'achève, je n'en ai plus que pour quelques semaines. »

Cette pensée était loin de me réconforter, hélas. « Et puis, ce sera Noël et tu seras trop occupé à... je ne sais pas, à couper des sapins et à faire des rôtis de porc et des plum-puddings. »

« Des plum-puddings ? » me demanda-t-il avant de prendre une nouvelle bouchée de son hamburger. « Pour qui me prends-tu? Pour Ebenezer Scrooge ? »

J'étais déjà rendue trop loin dans ma démonstration pour réagir à sa remarque. « Et puis, lorsqu'arrivera le printemps, tu seras accaparé par la remise des diplômes et l'été prochain, tu te prépareras à partir à l'université et ensuite je ne te verrai plus jamais. » Il se mit à rire de moi sans que j'en sois affectée. « Oui, je sais que je semble mélodramatique, mais tout ce que je viens de dire est vrai. » Même assise au soleil, je me sentais vide et déprimée à l'intérieur. Oui, les nuits devenaient de plus en plus froides à mesure que l'automne avançait et le soleil se faisait plus timide et évanescent, mon humeur suivait peut-être les changements de temps. « À quelle université comptes-tu t'inscrire ? »

« À l'Université Duke », dit-il en piquant dans sa salade. Il prit le temps de la mastiquer avant de poursuivre : « Parce que c'est l'université où mon père est allé et il veut que j'y aille. Moi je préfère Standford, au Michigan, ou l'Université du Nouveau Mexique, je n'ai pas encore arrêté mon choix. »

Mon estomac se noua. Il semblait si heureux de me faire part de ses projets et chacun de ses mots me donnait la nausée. C'était peut-être dû en partie au steak Salisbury que je tentais d'avaler pendant qu'il me parlait. « Donc, la côte est, la côte ouest, ou encore quelque part dans le désert, tous des endroits très loin d'ici. » Et de moi, aurai-je voulu ajouter. Très loin de moi.

Il cessa alors de mastiquer. « Hello ! Depuis quand fais-tu partie de la troupe de théâtre ? » Je détournai la tête pour qu'il ne s'aperçoive pas que je serrais les dents pour ne pas pleurer. « Ce n'est pas vrai que nous ne nous reverrons plus. Oui, nous nous reverrons pendant les semaines de relâche », dit-il en essayant de garder un ton léger, alors que je me sentais de plus en plus amère. « Ce sera amusant ! »

Il déposa sa fourchette et me prit le visage entre ses mains en ramenant mon menton vers lui pour que je le regarde dans les yeux. « Tu peux toujours t'inscrire dans la même université que moi lorsque tu auras ton diplôme. » Il attendit un signe de ma part. Rien ne vint. « Un an, Vick, c'est vite passé. Tu es capable d'attendre un an. » Il retira de mon veston le pendentif qu'il m'avait offert et s'amusa à laisser la chaîne glisser entre ses doigts.

Je venais de comprendre que Gio était un rêveur. Il vivait dans un monde où les dénouements ne pouvaient qu'être heureux. Il pensait qu'il pouvait tout avoir, alors que moi j'avais constamment peur de tout perdre. J'appuyai ma tête sur ma main et mes yeux se mirent à détailler son beau visage, ses lèvres pulpeuses, son nez si mignon et ses cheveux qui, grâce à une cire coiffante, semblaient défier toutes les lois de la gravité.

« Je peux attendre un an », lui dis-je en sachant qu'il désirait entendre ces mots. Je lui souris pour lui montrer que tout allait bien.

La vérité ? Je n'irais jamais à l'université avec mon Gio adoré. Mon père et moi avons de la difficulté à régler le loyer. Nous ne mangeons plus jamais au restaurant. Nous ne regardons plus jamais *I love Lucy* en mangeant des plats thaï comme nous en avions l'habitude. Après que mon père eut été licencié au cours de l'été, il n'avait pu trouver qu'un emploi à temps partiel comme gardien de sécurité. J'ais trouvé alors un emploi pour qu'il n'ait pas à manger des sandwichs au beurre d'arachide tous les jours pour subvenir à mes besoins. De plus, je ne voulais pas constamment le voir étendu sur le sofa en train de déprimer. Je ne l'avais pas consulté avant de prendre cette décision. Nous ne parlons pas de ce genre de choses à la maison. J'ai tout simplement trouvé un emploi.

Comment pouvais-je envisager d'aller à l'université ? Avec quelles notes ? Avec quel argent ? Comment pouvais-je attendre un an alors que j'ignorais si, un beau matin, je ne me réveillerais pas en trouvant mon père en train de faire les bagages ? Nous avions l'habitude de déménager et chaque fois, il dégotait un travail encore plus mal rémunéré dans une ville encore pire que la précédente. Je ne me suis jamais plainte. Je pensais avoir trouvé ici un endroit où je pouvais enfin m'établir.

Mais toute bonne chose ne dure jamais longtemps, n'est-ce pas ? Après l'accident de ma mère, tout a basculé et s'est mis à aller de mal en pis. Pourquoi tout changerait maintenant ?

Je ne partageai pas ces sombres pensées avec Gio. Je ne voulais pas jeter une ombre sur cette belle journée ensoleillée. Et soyons francs : pensais-je vraiment qu'il renoncerait à la chance de fréquenter une université fantastique juste pour moi ? Non. Je ravalai toutes mes peurs et mes doutes, les enfouissant très profondément en moi, en un endroit si difficile d'accès que Gio n'y verrait que du feu.

Ma tactique avait certainement fonctionné car lorsqu'il releva les yeux, ils brillaient de joie. « Bien sûr, lui répétai-je avec un peu plus d'enthousiasme, absolument. » Pourquoi devrais-je l'entraîner vers le bas avec moi ? Il n'en était pas question. « Tu sais ce que je trouve bizarre ? dis-je bien décidée à détendre l'atmosphère. Avoir une conversation avec toi sans que le petit Tony ne vienne nous déranger. »

Il rit à cette remarque. « C'est un bon petit gars. »

« Je sais ! Mais il a le don d'arriver comme un cheveu sur la soupe lorsqu'on ne veut pas le voir. »

« Ignore-le, tout simplement », me conseilla-t-il.

« Comment veux-tu que je l'ignore lorsqu'il se met entre nous deux et que j'ai envie de t'embrasser ? »

Gio semblait songeur. À la façon dont il bougeait les lèvres, je savais qu'il s'apprêtait à me lancer une raillerie à ce propos. « Je me souviens pourtant que lorsque je promenais le golden retriever de mon voisin, tu refusais de m'embrasser devant lui. »

« Bien sûr! Il n'en était pas question », lui répliquai-je mi-blagueuse et mi-sérieuse à la fois. Ce chien nous observait comme s'il devait écrire un article sur les habitudes d'accouplement des adolescents pour le compte de la *Revue psychiatrique canine*. De plus, comme j'avais vu cette semaine-là un documentaire sur la réincarnation, je me demandais si ce chien n'était pas la réincarnation d'une personne que j'avais connue dans une vie antérieure, comme une tante ou un oncle, ou le prêtre qui m'avait baptisée.

« Comment fais-tu pour empêcher que Tony nous embête ? L'as-tu menacé de le battre ? »

« Non », dit-il en résumant en un seul mot tous les sermons sur la-violence-n'est-pas-la-solution

que la Oostergard m'avait servis depuis le début de l'année. Puis il me confia avec une certaine réticence : « Je lui ai promis que je lui ferais faire un tour en Mustang. »

Sa tête se tourna tout naturellement vers une section déserte du stationnement des étudiants où se trouvait sa précieuse Mustang 2003 de couleur bleu métallique. Il avait dû économiser sur tous ses cadeaux de Noël et d'anniversaire pendant au moins trois ans pour se l'acheter. Les gars et leurs joujoux ! « Pourquoi la stationnes-tu toujours aussi loin des autres ? Je croyais que l'idée d'être motorisé était justement de s'épargner des pas ? »

« Très drôle », dit-il en fouettant l'air devant mon visage. Il se rassit, prit une bouchée de sa tarte aux pommes avant de me répondre. « Si je stationne mon bébé près des autres voitures, elle court le risque d'être égratignée », m'expliqua-t-il la bouche pleine.

« Ton bébé ! » J'ai toujours su qu'il existait un lien tordu entre les gars et leurs bagnoles, mais je n'en avais jamais fait l'expérience de façon aussi directe et personnelle. Tout compte fait, c'était assez mignon. « Tu aimes plus ta voiture que moi », lui dis-je simplement pour avoir le plaisir qu'il me regarde dans les yeux en niant la chose.

Il tapota la place à côté de lui en signe d'invitation à m'y asseoir. « Tu es la personne que j'aime le plus au monde », dit-il, et, joignant le geste à la parole, il s'empressa de me le prouver. Tant et si bien que l'on peut prouver ce genre de chose à l'extérieur de la sortie de secours d'une école où tout le monde peut vous voir par les fenêtres. Quant à la preuve elle-même, elle était on ne peut plus probante.

Oui. Si j'ai appris quelque chose pendant cette dernière partie de l'année, c'est que les gars ne sont pas si pires, après tout. Qu'il me prenne dans ses bras, même une seule minute, effaçait toute la laideur du monde. Je me sentais protégée. Un sentiment que je ne voulais jamais perdre.

Ce ne fut qu'après avoir ramassé plateaux et plats de plastique – pour ma part je mis les biscuits dans ma poche pour plus tard et Gio posa les couvercles sur les Tupperware de sa mère – que nous avons repris notre conversation. « C'était super agréable », lui dis-je un peu timidement. C'était bizarre comment il pouvait me faire sentir si gauche en sa présence. « Nous devrions le refaire plus souvent. »

« Je pense exactement la même chose », fit-il, son bras entourant mes épaules alors que nous marchions sur la pelouse.

Lorsque nous eûmes rejoint le trottoir, je ressentis une certaine angoisse. Ce moment, entre la quatrième et la cinquième période de cours, était le plus long que nous avions passé ensemble depuis deux semaines. Comment savoir si je le reverrais encore ? « Il y a cette fête samedi prochain », lui dis-je d'un ton détaché.

« Oui, chez Brandon Jerome. » La chaleur du corps de Gio que je percevais à travers son chandail était la seule dont j'avais vraiment besoin. « Il m'en a parlé, il m'a dit qu'on devrait y faire un saut. »

« Quoi? dit-il en me repoussant pour mieux me voir, ne me dis pas que tu acceptes d'y aller ? »

« Bien sûr que non », lui répondis-je d'un ton hautain. Puis je lui demandai : « Et toi, tu y vas ? »

« Si j'y vais ? » répéta-t-il comme s'il n'était pas certain d'avoir bien compris. « On pourrait y aller, mais j'étais sûr que cela ne t'intéresserait pas. » Oh ! merde ! Tabitha avait-elle visé dans le mille ou avait-il une autre raison de ne pas vouloir

m'inviter ? Les gens qui assisteraient à cette fête étaient plus beaux, mieux habillés et avaient l'habitude d'apporter leurs lunchs dans de petits contenants de plastique bien pratiques. Je ne cadrais pas avec ces gens, je ne faisais pas partie de la bande et n'en ferais jamais partie. J'eus l'impression très nette à ce moment-là que Gio m'excluait de certains pans de sa vie. Cette prise de conscience me fit presque arrêter de marcher. « Nous en reparlerons un peu plus tard cette semaine, me dit Gio, et tu me diras si tu veux qu'on y aille. »

« Je pense que nous devrions y aller », ces mots, en les prononçant, avaient un arrière-goût médicamenteux dans ma bouche, mais il est parfois nécessaire d'avoir recours aux médicaments pour que les choses s'améliorent, n'est-ce pas ? « La soirée sera sûrement amusante. Peut-être devrais-tu confirmer notre présence à Brandon ? »

« Ce n'est pas ce genre de fête. » Je n'étais pas naïve au point de croire que nous allions nous amuser à jouer au Twister et à boire du chocolat chaud et qu'ensuite nous nous réunirions autour de la télévision pour regarder tous ensemble *The Price Is Right* en essayant de deviner les réponses avant les concurrents. « Je vais voir si je dois travailler ce soir-là, je veux dire faire du bénévolat. »

Toute cette discussion à propos de la fête m'aiguilla sur un tout autre ordre d'idées. « Connais-tu Tabitha Hunter ? » lui demandai-je. Il hocha la tête de haut en bas. « Elle est venue me voir l'autre soir au travail. »

« Ah, oui ? » Il lança sa canette vide dans le bac à récupération, placé à côté des distributrices de boissons gazeuses.

« Elle semble être une personne bien. »

Je n'étais pas prête à me ranger à une opinion aussi tranchée, mais j'ai hoché la tête en signe d'assentiment. « Nous avons eu l'impression de te voir au centre commercial à un moment donné. »

« À quelle heure ? » Un instant. Quelle sorte de question était-ce? N'aurait-il pas dû dire : Impossible, je n'y étais pas. Non il a demandé À quelle heure ?

« Vers 20 h 30. » Je le regardai avec attention. Je n'étais pas méfiante, j'ai confiance en Gio. Mais quelque chose dans sa voix me mit sur les dents.

« J'étais au centre communautaire », me répondit-il à la fin. Puis il me sourit en m'ouvrant la porte. « Tu n'entres pas ? »

« Non, lui dis-je, pas tout de suite. On se revoit plus tard. » Un petit baiser sur mes lèvres et il était parti, happé par le monde fou et bruyant que je n'avais pas envie de rejoindre tout de suite.

Avait-il détecté un changement dans ma voix? Avait-t-il perçu quelque chose de différent dans mon attitude? Parce que j'étais complètement abasourdie. Lorsque j'avais rencontré Gio et su qu'il partageait avec moi le goût de l'illusionnisme, j'avais compris très rapidement qu'il était un piètre magicien. Il ne s'entraînait pas suffisamment pour que ses tours de passe-passe aient l'air facile et naturel. Tous les tours de magie sont des mensonges, le magicien étant celui qui impose à son public une façade qu'il espère plausible tandis qu'il s'affaire réellement à tout autre chose.

Gio était un très mauvais menteur.

Avant que je ne lui enseigne les tours de la même manière que je le faisais aujourd'hui avec Martina, tous les tours qu'il exécutait devant moi étaient faits d'une façon ardue sans aucune fluidité. Ses yeux étaient sa plus grande faiblesse. Son regard suivait constamment le travail de ses mains, révélant ainsi tous ses secrets alors qu'il aurait dû

porter son regard vers son public en se contentant d'être charmant et sincère.

Lorsque Gio m'annonça qu'il était au centre communautaire ce soir-là, je n'en croyais pas mes oreilles. S'il avait ri ou m'avait traitée de débile ou s'il avait réagi en se montrant moyennement intéressé, de la même façon dont il se comportait habituellement lorsque je lui racontais mes rêves de la nuit précédente, je l'aurais accompagné à la cafétéria sans aucune réserve.

Sa réaction avait déclenché tous les signaux d'alarme de mon cerveau. Il mentait. Je le savais. Je ne pouvais pas le prouver. Cela n'avait peut-être même rien à voir avec son clone que j'avais entrevu samedi soir au centre commercial. Gio m'avait menti. C'était aussi simple que ça. Pendant les derniers instants où nous fûmes ensemble, toutes les couleurs de l'arc-en-ciel s'étaient retirées pour faire place à un gris uniforme et déprimant. Le prisme s'était fracassé.

Qu'allais-je faire ?

La cacophonie de la salle de la cafétéria lorsque j'y entrai était tout à fait en accord avec mon humeur : sauvage, folle et imprévisible. J'avais l'intention de fendre la foule et d'aller me réfugier dans la toilette des filles jusqu'à ce que les cours reprennent. Mon cœur battait la chamade. Je perçus à peine cette main qui sortit de nulle part et qui enserra mon poignet. « Hé, Vick », entendis-je.

« Fous-moi la paix », criai-je en tentant de libérer mon bras avec une telle force que j'en ai ressenti une brûlure au poignet. La douleur intense me donnait quelque chose sur laquelle me concentrer. Lorsque je levai les yeux – et je me devais de le faire parce que celui qui m'avait saisi le poignet était très grand – je grognai. J'étais face à mon Némésis à casquette de laine, Tyler. « Que me veux-tu ? » lui hurlai-je.

« Je ne voulais pas te faire mal... » Quelque chose dans mon attitude avait dû l'avertir que je n'étais pas d'humeur à me faire asticoter. « Je voulais te parler un instant. Tu me semblais gênée tout à l'heure et... »

« Nous n'avons rien à nous dire », lançai-je d'un ton furieux. Je savais que ma colère ne s'adressait pas à lui. Mais, tout compte fait, peut-être que oui. Quoi ! Il nous avait épiées pendant que nous parlions dehors. Comment diable avait-il pu savoir que j'étais gênée ? « Barre-toi. »

Je cessai de respirer lorsque je l'entendis dire : « Écoute, je t'ai vu sortir ta carte de repas gratuits. Je voulais simplement te dire... »

Il n'eut pas le temps de finir sa phrase que la grosse boule de feu qui se développait en moi explosa brutalement. Je l'agrippai par la chemise et l'attirai vers moi. Surpris par ma force, il en eut le souffle coupé. Parfait. Il avait compris le message. Pensait-il qu'une fille comme moi pouvait le battre comme plâtre ? C'est peu probable. Tandis que je bénéficiais de l'effet de surprise, je lui dis, menaçante : « N'ajoute pas un mot de plus, Woodwell. Et si jamais tu en parles à quelqu'un... »

« Ahem », entendis-je derrière moi. Non pas ahem comme quelqu'un qui se raclerait la gorge, mais bien comme une personne qui prononçait le mot Ahem. Je ne connaissais qu'une personne au monde qui faisait cela. Je figeai sur place.

Retenant toujours Tyler par sa chemise, je me tournai lentement. La Oostergard se tenait derrière moi, les bras croisés, la verrue tremblotante. « Vickie, ma chère, je voudrais que l'on ait un petit entretien dans mon bureau. »

Sainte Barbe ! Peut-être que les sorts que j'avais jetés aux autres tout au long de l'année précédente revenaient me hanter. Après tout, j'avais la guigne.

Chapitre cinq

Je sais que c'est horrible de farfouiller sans permission dans le coffre à gants des autres. Presque autant que d'être invité à dîner chez les parents de votre petit ami, d'aller à la salle de bains et d'en profiter pour fouiner dans la pharmacie. Cela ne se fait pas. Surtout lorsque la mère de votre petit ami entre inopinément (sans frapper !) et vous surprend la tête dans la pharmacie en train d'examiner sa crème Oil of Olay. Je parle par expérience.

D'une certaine façon, je ne pensais pas qu'à la vitesse où nous filions, nous aurions à résoudre certains problèmes d'ordre familial. Je fus quelque peu surprise de trouver pas moins de six grosses tablettes de chocolat par-dessus les cartes et le manuel de l'auto. « Est-ce que ta mère raffole des tablettes de chocolat aux arachides et au nougat ? »

« Ah ! C'était donc là qu'elle les avait cachées. Je n'ai jamais pensé à fouiller la voiture », me répondit Ray en saisissant l'une des tablettes avant d'en déchirer l'enveloppe avec ses dents.

« Ton dentiste doit t'aimer », commentai-je. Le spectacle ressemblait à l'heure du déjeuner au zoo. La cage de l'hyène pour être plus précis. « Non, merci », lui répondis-je lorsqu'il m'en offrit une bouchée. « Pourquoi ta mère cache-t-elle les tablettes de chocolat ? »

« Elle pense que j'ai un problème de poids », me répondit Ray en engouffrant, en une seule bouchée, ce qui restait de la Snickers. Comme il avait l'habitude de garder pour lui tout ce qui touchait à sa vie intime, j'étais sûre que nous avions épuisé ce sujet. Mais non, il tentait simplement de déloger le nougat qui lui collait aux dents. « Mon psychothérapeute soutient qu'elle exprime ainsi sa frustration quant à mes choix de vie en tentant de contrôler ce que je mange. » Ray s'exprimait comme s'il citait les paroles de quelqu'un d'autre. « Elle croit que je suis trop gros. Mon père a acheté ces tablettes de chocolat en août dernier et elle les a vite fait disparaître. Ce qu'elle peut être chiante quand elle s'y met. »

D'accord. Il existe certains avantages à ne plus avoir de mère. J'aimais croire lorsque je déprimais que si ma mère n'était pas morte, elle aurait réglé tous mes problèmes et que nous aurions eu la meilleure relation mère-fille sur la terre et, qu'en plus, nous n'aurions jamais eu ces dissensions que mes amis ont avec leur mère. Bien que je sache au fond que mon entêtement provenait tout droit de ses gènes, et que si elle avait été toujours vivante, nous aurions probablement été à couteaux tirés la plupart du temps.

Bien sûr, si le pire ne s'était pas produit, nous habiterions peut-être toujours à L.A. Si elle avait été là, mon père n'aurait certainement pas passé ses soirées à s'abrutir devant la télé pour ne plus avoir, au moment d'aller dormir, assez d'énergie pour pleurer. Je savais aussi que notre maison n'aurait pas été cette soue à cochons et que j'aurais mangé des repas équilibrés.

Mais je ne voulais pas penser à tous ces « si » pour l'instant. Nous devions nous rendre à une fête et j'étais déterminée à m'amuser pour une fois, même si je devais en mourir. Je me raclai la gorge et détournai le regard lorsque Ray s'essuya la bouche sur la manche de sa chemise. Une chose est sûre à propos de Ray : il mime à la perfection les manières des gars sans toutefois se laisser aller à roter. Mais j'aurais très bien pu me passer de cette authenticité douteuse. « Dis-moi, Ray... » dis-je d'un ton à la fois enjoué et désinvolte, à mi-chemin entre une conversation entre filles et un échange viril, « si tu voyais quelqu'un... »

« Je ne vois personne. » Il démarra sur les chapeaux de roue dès que le feu changea du rouge au vert et emprunta une rue bordée de grosses maisons à deux et trois étages. Bien qu'il fasse de plus en plus noir, je pouvais voir les feuilles jaunes qui jonchaient l'asphalte.

L'odeur de l'automne provoquait toujours chez moi un certain sentiment de mélancolie. C'est l'odeur du pourrissement après tout. Je pris une longue inspiration. « Oui, mais si tu... »

« Ce n'est pas le cas ».

« Oui, mais si cela se produisait... »

« Ce n'... »

« Si tu me répètes encore une fois que ce n'est pas le cas, je jette le reste des Snickers par la fenêtre », le menaçai-je. Ce qui eut l'air de fonctionner, car j'eus droit à son attention.

« OK, mettons que tu sortes avec quelqu'un, je sais que ce n'est pas le cas présentement, je sais, me dépêchai-je d'ajouter en voyant qu'il s'apprêtait à dire quelque chose, supposons donc que tu vois quelqu'un... » et c'est ici que je me mis à bégayer. Toute la semaine, j'avais pensé à des façons d'aborder le sujet. Celui du sexe de la personne. Je n'en avais aucune idée. Tout au long de l'année dernière, je jetais des sorts à tous ceux qui regardaient Ray le moindrement de travers et je ne savais rien de lui, de ce qu'il recherchait. Rien. N'était-ce pas ironique lorsqu'on y pense?

« Bon, recherches-tu quelqu'un d'introverti ou d'extraverti ? »

À ma grande surprise, Ray ne semblait pas le moindrement offusqué par ma question. « Extraverti. Dans une certaine mesure. Un peu comme moi. »

« Un peu comme t... ! » Je ravalai ce que je m'apprêtais à lui dire. Ray était la personne la plus introvertie que je connaisse. Mais j'allais me montrer magnanime, il pouvait croire ce qu'il voulait sur lui-même. Nous étions presque arrivés chez Brandon Jerome. Je le savais à cause de tous les véhicules massés à la grandeur de la rue. « OK, les cheveux bruns ou blonds ? »

Ray stationna la Honda et coupa le moteur. « Bruns, j'imagine. »

Très bien, jusqu'ici la description s'appliquait à Tabitha. Puis la question piège : « un garçon ou une fille ? »

« Marotti ? »

Oh ! merde ! le ton de sa voix était complètement dénué d'humour. « Oui ? »

Le numéro de celle-qui-n'a-rien-à-se-reprocher ne fonctionnait pas avec mes professeurs et certainement pas avec un ami qui me connaissait à fond. « Qu'est-ce qui se passe ? » Je passai en revue les choix que j'avais. Je pouvais jouer l'innocente et risquer de le mettre en furie, ou je pouvais lui dire la vérité. « Es-tu en train de jouer les entremetteuses ? »

Naturellement, j'ai préféré nié avec véhémence : « Oh ! non ! jamais ! Moi vouloir te présenter quelqu'un ? Voyons ! » Bien que le moteur eut été arrêté depuis plusieurs minutes déjà, nous ne bougions pas de nos sièges. En fait, j'avais peur de bouger. « Peut-être bien que oui », lui avouai-je finalement.

« Vick, dit Ray les deux mains toujours sur le volant, tu m'avais dit que tu voulais que je t'accompagne parce que tu trouvais que l'on ne se voyait pas assez souvent ».

« C'est vrai, lui répondis-je en prenant l'accent du Sud, nous ne passons pas assez de temps ensemble. Allons dans la maison d'un type qui roule sur l'or pendant qu'il n'y est pas et que sa progéniture s'attaque au mobilier et passons une excellente soirée. » Aussitôt que j'eus terminé ma tirade, la porte d'entrée s'ouvrit et un son d'enfer nous parvint. Lorsque la porte se referma quelques secondes plus tard, la musique était de nouveau en sourdine. « Tu vois nous allons passer une bonne soirée bien calme, toi et moi. C'est exactement ce que je t'avais promis. »

Ray connaissait la vérité. Si j'avais eu le malheur de prononcer le mot fête et Brandon Jerome, il aurait tout de suite sorti son agenda de sa poche arrière pour noter toutes les coordonnées. « Je pensais que puisque Gio ne venait pas, tu me demandais en quelque sorte de le remplacer », dit-il d'une voix bourrue et sur la défensive.

« Gio doit venir plus tard. » C'était à mon tour de me sentir blessée. Et puis comment étais-je censée me comporter lorsque mon petit ami faisait passer le bénévolat avant moi ?

« Il accumule ses heures au centre communautaire pour que l'on puisse passer la journée de dimanche tous les deux ensemble. D'ailleurs, il ne devrait pas tarder. Allez, on y va. » Je débouclai ma ceinture de sécurité et sortis de la voiture. « Allez, viens », lui répétai-je en claquant la portière. Pour un instant, je crus que Ray allait remettre le moteur en marche et repartir en me laissant là. « Je n'ai pas arrangé une rencontre. C'est toi qui voulais que je te présente à cette bande.

Ta dam ! Ton vœu est exaucé. Allez, mon vieux, embraye. Nous allons socialiser jusqu'à ce que mort s'ensuive. »

Mon soulagement fut total lorsque je vis que Ray après avoir émis un long soupir, donna un coup sur le volant et ouvrit la portière. « Pas d'histoires d'amour, hein, Marotti », grogna-t-il en lissant sa chemise de quille qui arborait son nom en lettres brodées. Très rétro. « Et surtout, personne qui attend en ligne pour me voir. »

« Non », lui répondis-je en craignant que Tabitha ne se prépare déjà à lui sauter dessus. Il me lança un regard méfiant en enfonçant ses mains dans les poches de son jeans. « Tu n'as qu'à rejoindre Addy et Brie. Elles sont sûrement déjà arrivées et tu n'as qu'à ignorer le reste des gens. »

Cette pensée sembla le réjouir. Il paraissait relativement de bonne humeur lorsque nous franchîmes la distance qui nous séparait encore de la maison de Brandon. Quand je dis relativement, c'est vrai ; quiconque ne le connaissant pas aurait conclu qu'il avait une tête d'enterrement. Ray était sans doute en train de concocter un poème peu flatteur sur ma personne. « Tu sais que Brie cherche un nom pour notre groupe ? »

« Oui, je sais et je sais surtout qu'elle-même porte le nom d'un fromage. » Ray pouffa de rire. Parfait. Peut-être qu'il m'en voudra moins lorsque Tabitha lui sautera dessus.

Personne ne vint ouvrir lorsque je sonnai. Ray leva les yeux au ciel et poussa la porte qui n'était pas verrouillée, « ce n'est pas ce genre de fête, voyons », dit-il. Comment se faisait-il que tout le monde, à part moi, semblait savoir à quel genre de fête nous avions été conviés ? Comment se faisait-il que j'étais la seule à ne jamais avoir été conviée à ce genre de fête ?

Apparemment, c'est que j'accordais beaucoup d'importance à la sauvegarde de mes tympans. Ne vous méprenez pas, je ne suis pas une vieille dame, j'aime la musique. J'aime la musique à un volume assez élevé, mais jamais au point que les vibrations détachent les muscles de mes os et réduisent mon squelette en très fines particules de poussière. Des dizaines de jeunes hurlaient pour se faire comprendre les uns des autres, tandis que des bruits de détonation nous parvenaient du fond de la pièce de séjour où un groupe de gars qui jouaient au jeu vidéo *Halo*, et ces bruits de détonation étaient suivis de cris et de caquètements des filles qui suivaient le jeu avec grand intérêt. Au loin, un bourdonnement continu nous parvenait de la cuisine comme si on s'amusait à y faire fonctionner dix mélangeurs simultanément. J'avais soudain l'impression d'être une grand-mère, allergique à tous ces décibels. J'en fus quitte pour un début de migraine. « Le son est fort, criai-je à Ray, mes yeux saignent-ils ? »

Il était trop occupé à détailler la foule pour me répondre immédiatement. Je vis alors qu'il bougeait les lèvres sans que j'entende un seul son. « Quoi ? »

« Est-ce que mes yeux... » Il secoua la tête de nouveau. « Oublie ça. Allons rejoindre Addy ! »

« Quoi ? »

J'allais devenir aphone avant la fin de la soirée. Je plaçai mes mains en coupe autour de ma bouche et lui criai dans l'oreille : « Allons rejoindre Addy. »

« Merci, j'ai déjà mangé », me répondit-il.

Je lui fis signe de me suivre dans la foule.

C'est vrai, je n'ai pas assisté à beaucoup de ces fêtes, mais je ne suis pas le genre de personne qui a besoin d'être la mieux habillée, d'écouter la musique la plus à la mode ou de fréquenter les gens les plus recherchés pour me sentir bien dans ma peau. Ce n'était pas mon rayon. Et si toutes les fêtes auxquelles je n'ai pas assisté étaient comme celle-ci, je suis bien contente de ne pas y avoir été invitée. Personne ne se comportait de façon particulièrement horrible. Ce n'était pas comme dans les films de série B qui nous montrent une bande de fils à papa en goguette où l'un d'entre eux finit à la morgue, l'instigateur de la fête à l'hôpital psychiatrique, tandis que tous les autres se sentent coupables. Partout je voyais des jeunes qui tentaient d'avoir l'air plus vieux que leur âge. Un peu comme dans une fête costumée où tous les participants se seraient déguisés en adultes, même s'ils portaient leurs vêtements habituels. Seules leurs attitudes avaient changé. Ils avaient vieilli. Les jeunes de l'école qui buvaient des canettes de Mountain Dew étaient massés dans les marches de l'escalier, les yeux larmoyants, tenant à la main une canette de Budweiser.

Quant aux filles qui paradaient en tenues coordonnées à la toute dernière mode dans les corridors de l'école, comme si elles étaient les généraux d'une armée d'occupation, elles se tenaient au seuil des portes des diverses pièces de la maison en prétendant parler entre elles alors qu'en fait, elles détaillaient de façon impitoyable tous les gens qui passaient devant elles. Tous ceux qui cherchaient désespérément à attirer l'attention des gens qu'ils admiraient étaient là : qui en train de faire rire les autres, qui de tenir des conversations intellectuelles fortement éthyliques et qui en train d'épier leurs supérieurs avec une grande avidité dans le regard. La vue de tout cet alcool me rendit mal à l'aise. Je commençai à regretter d'être venue. Toute la scène était si artificielle que j'en éprouvai un léger haut-le-cœur.

J'ignorais quel était mon statut dans ce groupe. Lorsque je passai devant les gars assis dans les marches de l'escalier, certains d'entre eux crièrent mon nom en me faisant de grands sourires, et lorsque je conduisis Ray vers la salle à manger, toutes les jolies petites poules caquetèrent de joie en étirant leur cou comme si elles étaient surprises et contentes de me voir. À cette vue je ne pus m'empêcher de ressentir au fond de moi-même une énorme satisfaction. Finalement, vous comprenez à qui vous avez affaire ! Que signifiait cette satisfaction que je ressentais ? Que j'étais moi aussi une personne superficielle ?

Je n'explorai pas davantage cette pensée. Je devais retrouver Addy et Brie. Des plateaux de crudités et des trempettes reposaient sur la table de la salle à manger, pratiquement non entamés, les gens préférant les fritures de poulet, les croustilles Doritos et les pointes de pizza. Des cannettes de bière froissées gisaient abandonnées aux quatre coins de la table de verre, comme si quelqu'un les avaient alignées en vue d'un exercice de tir. J'ignorais comment Brandon et ses amis avaient pu acheter une telle quantité de bière. Ils avaient peut-être été dans la réserve des parents ? Je n'en avais aucune idée et comme je n'avais pas l'intention d'en boire, la question de leur origine m'importait peu. Mon père ferait une crise s'il sentait le moindre effluve de bière sur mes vêtements.

Nous trouvâmes Addy et Brie dans la salle de billard. Une salle de billard ! La petite maison que nous avions louée, mon père et moi, ne comportait même pas de salle à manger. Nous devions manger nos repas sur la table à café du salon ou debout dans la cuisine. Les Jerome avaient une pièce qui contenait une immense table de billard aux pieds de bois sculpté comme on n'en voyait qu'à Las Vegas. Nos amies étaient installées sur le rebord d'un sofa de cuir dans le fond de la pièce. Une fille de style gothique était assise à côté d'elles sur le bras du sofa. Lorsque l'un des joueurs baissa le dos, Addy nous aperçut et nous fit signe d'approcher. « Allons les rejoindre », dis-je à Ray en criant.

Je compris en m'avançant dans la pièce pourquoi Addy et Brie s'y étaient réfugiées ; une fois que l'on avait quitté le salon, le volume de la musique baissait de moitié.

Ce n'est que lorsque nous fûmes rendus au milieu de la pièce que je reconnus celle qui était habillée en gothique. Cette dernière se leva d'un bond pour faire quelques pas vers nous. Elle me fit penser à ces chevreuils dans la forêt qui s'immobilisent en nous regardant avec une certaine perplexité, ne sachant pas si nous sommes de bonnes personnes qui lui donneront des pommes ou de méchants chasseurs prêts à lui trouer la peau. Je pris les devants et dit à Ray : « Je pense que tu connais Tabitha ? Tabitha Hunter ? » Avait-il subi une rupture du tympan ? « Elle était dans ta classe de littérature l'an dernier ! Tabitha Hunter ! » lui dis-je très fort.

Trop fort, de toute évidence. Il me glissa un regard inquiet. « Mon Dieu, mais qu'est-ce qui t'arrive ce soir ? Bonsoir. » Le « bonsoir » qu'il lui adressa était si peu intéressé qu'il en était presque grossier.

Tabitha plia les genoux, agita ses doigts et imprima sur son visage une expression de pure joie. Cette manifestation juvénile jurait avec son accoutrement. Elle portait des pantalons cigarette noirs (semblable à ceux que je porte quelquefois) dont les extrémités étaient fourrées dans des bottes en cuir qui ressemblaient beaucoup aux miennes, en fait. Et qu'avait-elle fait à ses cheveux ? Où étaient donc passées ces belles tresses dont les bouts semblaient coupés au laser ? Plus je l'observais et plus je me doutais d'où lui venait l'inspiration de sa tenue. Il ne lui manquait que le pendentif au quartz. « Beau T-shirt, lui dis-je d'une voix posée, j'ignorais que tu étais une fan du groupe des Carbon Leaf. »

« Oh ! Mon Dieu , s'enthousiasma-t-elle en me saisissant le poignet, je les adore ! Je ne savais pas que tu avais un T-shirt à leur effigie ? »

« Bien sûr, répliquai-je d'un ton aussi glacial que l'Arctique, je possède exactement le même. »

« Je n'avais aucune idée de ce que je pourrais porter ce soir alors j'ai décidé de ne pas me changer. Je dois paraître assez négligée. » Voilà donc ce qu'elle pensait de la façon dont je m'habillais tout en me volant mon style. Comment cette bonne vieille Vick s'habillerait-elle ? « Est-ce que tu aimes le groupe Carbon Leaf ? demanda-t-elle à Ray, Ils sont si… »

« Ôte-toi de là », lui dit alors Ray.

Son visage n'exprimait plus rien d'autre qu'une surprise la plus totale : « quoi ? » Lorsque Tabitha négligea d'obtempérer, il se rua sur elle et la poussa vers le mur. Comment pouvait-il faire une chose pareille ? Surtout Ray qui ne ferait pas de mal à une mouche.

Puis l'un des joueurs de billard marmonna un « merci les amis » avant de se pencher vers la table de billard pour compléter son coup. La queue de billard qu'il tenait à la main se trouvait exactement à l'endroit où Tabitha se tenait avant que Ray ne la pousse.

Le soulagement qu'elle éprouva se lisait clairement sur son visage. « Oh, je suis tellement distraite, dit-elle en gloussant et en roulant des yeux, un instant, j'ai cru que… »

L'entrechoquement des boules de billard se fit entendre, puis le joueur se redressa et se déplaça de l'autre côté de la table. « Bon, parfait, dit Ray à Tabitha, on se reparle plus tard », en se dirigeant tout droit vers Addy et Brie.

Aïe ! Quel coup ! Tabitha semblait foudroyée. Que pouvais-je faire d'autre que la consoler ? Je déteste voir les gens se faire marcher sur les pieds même si Ray l'avait probablement fait par inadvertance. « Tout est un peu déroutant ce soir, n'est-ce pas ? », lui dis-je en espérant qu'elle comprendrait l'allusion et que cela l'aiderait à passer l'éponge sur le comportement assez odieux de Ray. « Il y a tant de monde ici ! »

Mon explication était boiteuse. Je le savais et elle aussi. « Je pense qu'il ne se souvient pas de moi, dit-elle d'une petite voix, j'ai été idiote de penser qu'il me remarquerait si je changeais de style. » Je déteste aussi lorsque les gens se mettent à se blâmer. Il existe tant de gens dans le monde qui se font un point d'honneur de rabaisser les autres, je ne comprends pas pourquoi on devrait les y aider.

« Ray n'est pas particulièrement friand des Carbon Leaf », lui dis-je en jetant de nouveau un œil à son T-shirt. Oui, il était pareil au mien. Si, en revenant chez moi, je m'apercevais qu'elle était venue fouiller dans mon tiroir, je vous jure que des têtes allaient rouler.

« Il ne m'aime pas, n'est-ce pas ? » Que pouvais-je lui répondre ? Je décodais mieux l'alphabet cyrillique que Ray. « Est-ce à cause de mes vêtements ? Allez, dis-moi la vérité. »

Elle me mettait dans une situation difficile. Je pris une longue inspiration, m'appuyai contre le mur rouge et lui dit : « Je ne pense pas que Ray accorde tant d'importance à l'apparence des gens. Pour lui, c'est la personne qui compte. » Cette formulation m'apparut bien choisie et je poursuivis : « Je ne pense pas que tes vêtements soient en cause, tu étais comment dire… ? »

La gaffe. J'avais été trop loin. Je me tus avant de tout foutre en l'air, mais Tabitha avait bien saisi ce que je m'apprêtais à lui dire : « Tu veux dire que j'ai fait quelque chose que je n'aurais pas dû faire. C'est bien moi. »

« Non, non, ce que je veux dire c'est que tu avais un comportement un peu… » je cherchais le mot.

« En manque ? »

« Superficiel », dis-je en même temps qu'elle. Je détestais me sentir coincer. Cette conversation prenait un tour de plus en plus alarmant, surtout qu'elle n'arrêtait pas de se blâmer. « Écoute, lui dis-je, tiens-toi un peu plus avec nous. Une fois qu'il aura compris que nous avons beaucoup de choses en commun, il s'ouvrira un peu plus. Ray est très… timide. »

Je la vis retourner la question dans son esprit pendant un long moment. Elle secoua finalement la tête en signe d'acquiescement. Parfait. Ma vie était beaucoup moins compliquée lorsque je n'avais pas à me préoccuper des sentiments des autres. « Oui, c'est vrai, dit-elle, Ray est timide ». On aurait cru qu'elle tentait de se convaincre elle-même.

Addy me fit une bise enthousiaste lorsque je m'affalai à côté d'elle sur le sofa. L'ambiance était tellement surchauffée que le cuir du sofa avait, au toucher, une texture gommée. Brie se pencha ou plutôt s'étala sur les genoux d'Addy pour me faire la confidence suivante : « Cette dame pensait que tu allais te défiler, je lui ai dit que tu allais venir. Eh bien, elle avait tort et j'avais raison ! » dit-elle en brandissant son verre en plastique.

Addy me fit un sourire pour excuser le comportement de Brie et demanda à la ronde : « Que faut-il penser de ces fêtes où les invités ne parlent qu'aux personnes qu'elles fréquentent déjà à l'école ? »

Brie, toujours vautrée sur les genoux d'Addy, répondit en repoussant vers l'arrière une mèche de ses cheveux blonds : « Une fête c'est une fête, les gens sont libres de parler à qui bon leur semble. » Avait-elle bu ? J'essayai de voir ce que contenait son verre rouge en plastique.

« Prenons l'exemple de notre groupe », dit Addy d'un ton bien posé pour quelqu'un qui tentait de discuter raisonnablement avec un poids sur les genoux, tout en tenant à deux mains son verre de cola bien éloigné de la tête de Brie : « Que fait-on pendant le cours de chimie ? Nous nous assoyons tous ensemble à l'arrière de la classe, sauf toi, Vick, bien sûr. »

« Bien sûr », lui répondis-je en ne lui laissant pas voir que je n'appréciais pas qu'on me rappelle que je ne faisais pas partie du groupe des « enrichis ».

« Et que faisons-nous quand nous ne sommes pas en classe? Nous nous réfugions dans le coin le plus isolé de la cafétéria. Il doit bien y avoir cinquante à soixante personnes dans cette maison. Nous pourrions en profiter pour approcher les gens que nous ne connaissons pas. Mais que faisons-nous à la place ? Nous nous rassemblons dans le coin le plus tranquille de la maison comme… »

« … des momies », lança inopinément Brie.

« ... des conspirateurs », poursuivit Addy d'une voix faible.

À part Tabitha qui, de son perchoir sur le bras du sofa, n'avait d'yeux que pour Ray, le reste d'entre nous avait le regard fixé sur celle qui n'était pas le meilleur exemple de l'inanité des blagues sur les blondes.

Puis je lui demandai à la fin : « Des momies ? » Je sus à ce moment-là qu'elle buvait effectivement de la bière. J'aurais dû déceler plus tôt l'odeur de la bière, mais avec tout l'alcool qui circulait dans la maison, c'était comme de trouver un grain de sucre dans une cuillerée de sable. Je voulus saisir son verre qu'elle retira très rapidement en gloussant. « Boire ne te fait pas de bien », lui lançai-je.

« Et ne me fait pas de mal non plus. Allez, détends-toi. Tu devrais boire toi aussi, cela ne te ferait pas de mal. » L'alcool était pour moi un sujet tabou. Les émotions qui remontaient à la surface étaient toutes teintées de colère. Addy remarqua le haussement de mes sourcils et mon regard suppliant. « Brie, nous ne sommes pas ici pour nous soûler. »

« Une bière. Une seule petite bière ne peut pas me soûler. D'ailleurs, si je voulais me soûler, je n'aurais qu'à me servir dans le bar de ma mère. » Elle avait raison, j'ai rarement vu la mère de Brie sans un verre d'alcool dans une main et une cigarette dans l'autre. Ce sont les deux raisons pour lesquelles je n'allais pratiquement jamais chez Brie.

« Brie, met la pédale douce », lui conseilla Addy qui, se tournant vers moi, mima le mot « désolée. »

« Pourquoi ? » lui demanda Brie en s'étirant jusqu'à ce que son menton repose sur mon genou.

Ray avait aussi entrevu mon regard suppliant, car il se pencha pour aider Brie à se remettre debout. Tabitha, le bel ange gothique qui surplombait son épaule gauche, se redressa et sauta sur l'occasion : « Brie, cesse ces enfantillages. Tu sais pourquoi, Vick… »

« C'est Vick qui embête tout le monde parce que son petit ami ne viendra pas ce soir », lança Brie en s'apercevant soudain qu'elle avait le menton sur mes genoux. « Excuse-moi, j'ai eu une dure semaine », me dit-elle alors.

« Oui, à d'autres », lui rétorquai-je.

« Non, crois-moi, je suis vraiment désolée ! »

« Nous nageons en plein mélodrame, ma parole. Brie, tu sais comment me pousser à bout », lui dis-je en tentant de m'extirper du sofa.

« Voyons, Vick… »

Juste au moment où je m'apprêtais à me lever, elle déposa son verre sur mon genou. La bière qu'il contenait fit un arc de cercle dans les airs. Il y en avait partout sur le sofa, le tapis et sur nos pieds – mais surtout sur mes cuisses. Je sentis un liquide tiède m'envahir et me coller à la peau. Même si j'avais eu l'idée de me lever et de sautiller sur place, il était déjà trop tard, le mal était fait. « Sainte Barbe , lui hurlai-je, Brie, quelle idiote, tu… »

J'avais bien choisi mon moment. Mon cri déchira l'atmosphère au moment exact où l'on changeait le disque CD. Le seul moment où les gens n'avaient plus besoin de s'époumoner pour se faire entendre de leur voisin immédiat. Je réussis à la toute dernière minute à ravaler le reste de ma phrase, tout à fait consciente que tous les regards convergeaient vers moi.

« Fermez-la » dis-je d'un ton hargneux aux joueurs de billard qui me regardaient d'un air médusé. La musique reprit de plus belle et ils retournèrent vite à leur partie.

Je dus accorder à Brie un certain crédit. Après l'incident de la bière, elle ne s'était pas drapée dans un silence indigné à la suite des insultes dont j'avais failli l'abreuver. Elle et Addy se sont rapidement employées à éponger le dégât en se servant des mouchoirs de papier que Tabitha sortait de ses poches. « Je suis désolée », me répétait-elle.

« Ça va, lui intimai-je en la repoussant, laisse-moi tranquille. » Les dégâts étaient somme toute assez minimes, sauf peut-être pour mon orgueil.

Ray nettoya le plancher et épongea le sofa de cuir. Bonne initiative. Je ne voulais pas être reconnue dans notre petite bande comme celle qui avait ruiné le mobilier de la salle de billard des Jerome. « Quelle idiote je fais. Je ne sais pas comment tu fais pour me supporter », me disait Brie en m'aidant à éponger ma blouse.

« Arrête », lui dis-je en repoussant ses mains. « Laisse-moi t'aider. »

« Non ! »

Était-ce moi ou Brie qui avait accroché la chaînette qui retenait mon pendentif ? Toujours est-il que je la sentis céder et vis du coin de l'œil voler un éclat doré. Mes doigts tentèrent de saisir le quartz rose qui ne quittait plus mon cou depuis mon dernier anniversaire, mais il avait disparu.

« Misère, qu'ai-je encore fait ? gémit Brie en se jetant par terre, il a peut-être roulé en dessous du sofa. »

« Écoute, ce n'est qu'un collier, pas un respirateur artificiel », lui dis-je en tentant d'éviter un autre épisode mélodramatique. Tout contribuait à me rendre mal à l'aise, la façon désespérée dont Brie se porta à la recherche de la pierre, mes jeans trempés, le fait que j'avais perdu mon quartz, tous ceux qui étaient présents à cette soirée m'exaspéraient et j'aurais voulu me retrouver à mille lieues de tous ces gens. Je n'aurais jamais dû venir à cette fête. D'ailleurs, pourquoi avais-je décidé d'y assister ? Pour aider Ray ? Pour aider Tabitha ?

Ou n'était-ce pas plutôt pour démontrer à Gio que je pouvais me mêler à ses amis sans détonner ? Cette pensée me donna la chair de poule.

Je n'étais pas à ma place ici. « Je sens l'alcool à plein nez. » En prononçant ces paroles, je pris conscience que je devais avoir l'air d'une hystérique. J'étais dans tous mes états. La pièce se mit à tourner. Il fallait que je retire immédiatement mes jeans. Je paniquais. Je sentais l'alcool à plein nez. Pourquoi Gio n'était-il pas là ? Je devais sortir de cette pièce. Je devais retirer ces jeans mouillés. « Addy ? » dis-je d'une voix si faible qu'elle ne pouvait l'entendre.

Et pourtant, elle releva la tête pour voir s'il n'y avait pas d'autres zones à éponger, puis ses yeux s'accrochèrent aux miens : « Vick ? me dit-elle en me prenant par le coude, suis-moi à la salle de bains. Je suis à toi dans un instant », me murmura-t-elle à l'oreille avant de se tourner vers les autres pour leur confier quelque chose.

Je suis une fille assez solide. Je me suis toujours enorgueillie d'être un genre de forteresse imprenable. Mais vous savez, même les forteresses peuvent s'effondrer. Je me rappelai une histoire que j'avais entendue en classe à propos d'une ville qui avait été réduite en cendres à cause du son de milliers de trompettes. Bizarre comment un simple incident avait pu réduire mes défenses à néant. J'étais cette ville. Tout ce qu'il avait fallu pour que je m'écroule, c'est un peu de bière renversée. Je me refusai à laisser voir aux autres ma détresse. Mon pendentif était perdu. Gio n'était pas là, il aurait compris. Intérieurement, je suppliai Addy de se dépêcher.

« Laisse-moi vous accompagner, c'est de ma faute », entendis-je Brie répondre à Addy.

Non ! pensai-je, et au même moment je vis Addy lui murmurer quelque chose à l'oreille. Que lui avait-elle dit ? Bravo Brie. Tu sais que la mère de Vick dont elle ne parle jamais a été renversée par un chauffard ivre mort ? Non, je suis sûre qu'Addy ne lui avait pas dit une chose pareille. Elle n'était pas du genre à culpabiliser les autres pour une peccadille. « Viens avec moi, me dit-elle en me prenant le bras et en me guidant vers la porte, nous allons te débarbouiller. »

« Gio pourrait me raccompagner à la maison », lui dis-je.

Chaque pas que je faisais était un pur calvaire ; le denim mouillé me collait à la peau. Je voulais quitter cet endroit. « À l'heure qu'il est, il est sûrement arrivé. Trouve-le et demande-lui de me raccompagner chez moi. »

« Il n'est pas ici, dit-elle en fuyant mon regard, viens, nous allons trouver un endroit tranquille. »

« Que veux-tu dire, il n'est pas ici ? » lui demandai-je. Je me fichais d'avoir l'air complètement lamentable avec mes cheveux qui pendaient sur mon visage et mes vêtements tachés. Je savais qu'Addy me cachait quelque chose. Elle était une piètre menteuse. « Dis-moi la vérité. »

Elle se frotta le front. L'an dernier, lorsque nous sommes devenues des amies, Addy avait les pommettes couvertes de taches de rousseur. Quand avaient-elles disparu ? Néanmoins, son visage rougissait toujours autant lorsqu'elle était gênée. « Ne te fâche surtout pas », me répondit-elle. Après avoir passé par tous les états, de la contrariété à la consternation sans oublier la folie furieuse, je pouvais lui promettre de ne pas me fâcher, ce que je fis. « Gio m'a envoyé un texto avant que toi et Ray n'arriviez. » En constatant que j'ouvrais la bouche pour dire quelque chose, elle rajouta prestement : « J'allais te prévenir, je ne voulais pas le faire devant les autres, mais Brie est au courant ». Puis elle fouilla dans sa poche pour en retirer son joli petit portable rose.

Cela ne fit qu'accentuer ma panique : « Lui est-il arrivé un accident ? » Je saisis le portable qu'elle me tendait. J'ouvris l'étui et la laissa pianoter, je vis alors apparaître en bas de l'écran, le nom et le numéro de portable de Gio.

Sur l'écran, je pouvais lire un message en lettres majuscules qui disait : DIS-À V QUE JE ME SUIS PORTÉ VOLONTAIRE POUR 3 AUTRES HEURES ET QUE JE LA VERRAI DEMAIN. BISES. GIO.

Je n'en croyais pas mes yeux. J'étais venue ici uniquement pour lui et il osait se décommander ? Je dus remettre le portable à un moment donné à sa propriétaire bien que je ne me souvienne pas l'avoir fait. À quoi bon le lancer au bout de mes bras puisqu'il ne m'appartenait pas ? « Tu sais ce que je pense, Addy, les gars sont nuls. »

Elle haussa les épaules : « oui, mais... ».

« Il n'y a pas de mais qui tienne... », lui criai-je avec force. Cinq minutes plus tôt, j'étais à ramasser à la petite cuillère, mais en ce moment, je sentais la rage, cette bonne vieille rage qui me revenait. La Oostergard pouvait aller se rhabiller avec ses sermons sur la montagne. La rage était la bouée qui me permettait de survivre. « Ils sont nuls, complètement nuls, c'est le mot. » En me retournant, je me heurtai à un pan de mur tout en muscle.

« Qu'est-ce qui est nul ? » demanda Brandon Jerome, notre légendaire finissant bien nanti qui vit dans une maison qui possède une pièce exclusivement consacrée au billard, en s'appuyant nonchalamment sur le bord de la porte. Était-il né avec cette moue narquoise qui lui servait de sourire ou avait-elle enflée au même rythme que le compte en banque de son paternel ? Mon Dieu. Comment ai-je pu croire qu'une fête donnée par un taré comme lui pouvait être intéressante ? Derrière lui se tenait son escadron d'amis : Tyler Woodwell, Artie Costello, Michael Brice. « Qu'est-ce qui ne va pas, Marotti ? Qu'est-ce qui est nul ? Peut-être devrais-je poser la question à ton petit ami Carson ? »

« Très drôle, lui dis-je, frondeuse, en me croisant les bras, je devrais peut-être poser la question à ton petit ami. Qu'en penses-tu Tyler ? »

Avais-je entrevu l'esquisse d'un sourire sur les lèvres de Tyler ? Ce n'était plus drôle si je n'arrivais plus à les déstabiliser. Brandon ne broncha même pas. « Dis, Marotti, tu t'es pissée dessus ? »

Je suivis son regard et effectivement, la tache sombre sur mon jean semblait accréditer la thèse d'un manque de contrôle de mes sphincters. Est-ce que tout le monde me regardait ? Je jetai un regard à la ronde. Les joueurs de billard jetaient des regards vers moi en chuchotant. Artie et Michael étaient sur le point d'éclater de rire. La remarque m'ébranla tellement que sur le coup, je fus incapable d'y répondre.

« Quelqu'un l'a aspergée de bière, imbécile », dit Addy en venant à ma rescousse.

« J'ai plutôt l'impression qu'elle s'est pissée dessus », répéta Brandon avec toute la finesse que donnent les avantages de la richesse et des privilèges.

« Ne fais pas le con, Brandon, lui dit Tyler en le tassant pour me laisser passer. Viens, me dit-il en me prenant le bras avec une douceur que je n'aurais pas soupçonnée chez lui, je vais vous emmener jusqu'à la salle de bains. »

Le salon était bondé de monde, beaucoup plus que lorsque nous sommes arrivés. « Hé ! Woodwell, n'oublie pas de lui trouver une couche pendant que tu y es. »

« Quel hôte charmant, lança Addy, vraiment très charmant », répéta cette bonne vieille Addy à son intention.

Tyler continuait à nous guider à travers la foule et leva sa main libre en direction de Brandon puis brandit son majeur.

À tout prendre, je préférai cette dernière riposte à la première.

Chapitre six

« Vick, faut que tu vois ça ! » L'écho de la voix d'Addy dans la salle de bains, accentué par tout ce marbre, sonnait comme ces effets spéciaux dans les films où la voix du monstre nous parvient d'outre-tombe. Bien, elle était un beau monstre. Adorable avec ses longs cheveux roux bien droits, ses jeans et son chandail. Au lieu de tentacules, ses jambes appuyées contre le mur du bain, arrivaient juste au-dessus du robinet doré. « Quelqu'un pourrait se noyer dans cette baignoire ou nager ! »

N'étant vêtu que de mon soutien-gorge et de ma petite culotte, j'avais moins envie de parler. « C'est bien », dis-je en faisant mentalement la liste des gens à noyer.

« Lorsque je ferai beaucoup d'argent, je m'achèterai une baignoire comme celle-ci, soupira-t-elle, elle sera immense, en marbre, sur un piédestal, avec beaucoup de bulles ! »

« Hahan. » J'étais trop en colère pour avoir une vraie conversation. Je n'étais pas furieuse contre Addy, mais contre Gio. Me laisser tomber à la dernière minute et me le faire savoir par un message textuel ! Et même pas sur mon téléphone ! OK, c'est vrai que je n'avais pas de portable, mais tout de même!

« Je gage que ces jets-là sont des jets de bain tourbillon, juste ici. » Pendant que je rinçais la serviette dont je m'étais servie pour laver mes cuisses collantes, Addy se leva soudainement pour mieux étudier la quincaillerie. « La température de l'eau de la douche se règle à l'aide de ce bouton de contrôle numérisé. Il y a deux pommes de douche. En se levant, la semelle de ses chaussures à l'intérieur de la baignoire produisit un son de claquement. « Je me demande à quoi sert cette seconde pomme de douche ? » demanda-t-elle en approchant la main de cette dernière qui se situait à peu près à la hauteur de son nombril. Puis, en y pensant, elle se mit à glousser : « Oh ! »

« Penses-tu qu'il voit quelqu'un ? » Je ne pus m'empêcher de poser cette question. Elle fusa comme une flèche trempée dans le curare. « Parce que si c'est le cas... ».

« Qui ? Non ! » Addy sortit finalement de la baignoire pour s'asseoir sur le rebord en me regardant dans les yeux. « Je ne crois pas qu'il voit quelqu'un. Tu parles de Tyler, n'est-ce pas ? »

« Tyler ? Pourquoi voudrais-je parler de Tyler ? » aboyai-je, consternée.

« Parce que c'est lui qui nous a conduites ici. J'ai cru que... ».

« Non, je te parle de Gio. »

« Ah, Gio. »

Rien n'est plus frustrant que lorsque votre meilleure amie n'arrive plus à suivre le fil de vos pensées. Et c'est doublement vexant lorsqu'elle en vient à croire que vous parlez d'une espèce d'idiot que vous connaissez à peine. Ajoutez à cela la façon tiède dont elle vient de prononcer ces deux derniers mots et tous pourraient comprendre que je veuille quitter cette maison en courant aussi vite que le coucou terrestre des dessins animés, laissant derrière moi une silhouette bien découpée de cette Vick à travers les portes et les murs que j'aurai dû franchir pour sortir. « Tu penses que Gio voit quelqu'un d'autre ? » lui criai-je à tue-tête.

« Chut ! Tu deviens complètement hystérique. »

« Je suis une hystérique ! » Au son de ma voix criarde, tous les chiens du voisinage devaient être en train de gémir en se couvrant les oreilles de leurs pattes avant. Je baissai un peu le ton. « Oh, merde, il voit quelqu'un d'autre ! »

« Pourquoi ferait-il ça ? fit Addy, la voix de ma raison, en secouant la tête, quand il a la chance d'être avec toi ? »

J'appréciai le fait qu'elle ait l'air perplexe à ce propos. « Parce que… »

Quelquefois, lorsque vous ne parlez pas d'une chose, cette chose semble moins menaçante. Si vous ne l'exprimez pas en mots, elle ne peut donc pas vous blesser. J'aurais dû savoir que dans le cas qui m'occupe et qui me gruge de l'intérieur depuis une semaine déjà, et ce, sans que j'en glisse un seul mot à ma meilleure amie, était complètement stupide de ma part. Je décidai de me décharger un peu le cœur. « Qu'y a-t-il Vick ? » me demanda Addy.

Je me raclai la gorge, « Eh bien, tout a commencé ainsi », lui dis-je en détachant chaque syllabe. Au début, les mots me restaient pris dans la gorge, puis je lui racontai que j'avais cru voir Gio au centre commercial accompagné d'une autre fille alors qu'il était censé faire du bénévolat. Lorsque j'en suis venue à lui confier qu'il ne m'avait pas parlé de cette soirée exécrable, les mots coulaient de source et je ne pouvais plus les endiguer : « Peut-être que je ne suis pas assez bien pour lui ? Je sais que c'est le cas. Je ne suis pas du tout faite pour lui, n'est-ce pas ? Il serait mieux avec quelqu'un qui lui ressemble. Quelqu'un comme… ».

Un caquetage bruyant provenant des escaliers, suivi d'un coup sur la porte, nous interrompit :

« Pouvons-nous entrer ? » dit une fille en manœuvrant la poignée de la porte.

« C'est occupé », dis-je d'une voix forte.

« Quoi ? »

Addy se leva d'un bond, ouvrit la porte et sortit la tête et répéta devant le groupe de filles : « C'est occupé. »

« Mais… ».

« Fichez le camp ! » annonça-t-elle avant de refermer violemment la porte et de la verrouiller de nouveau. Mon Dieu que je l'aimais ! J'étais en train de frotter mes yeux qui étaient sans doute boursouflés lorsqu'Addy revint s'asseoir sur le rebord de la baignoire. « Vick, me dit-elle en se croisant les bras, tu es la reine du mélodrame. »

« Ce n'est pas vrai ! » dis-je. Et je me rendis compte trop tard qu'en prononçant ces mots, je tapais du pied, ce qui n'aidait en rien ma cause. « Ce soir, nous devions être tous les deux en train de faire des choses qu'il aime faire au lieu de regarder des DVD chez lui ou de jouer à des jeux vidéo ou encore de répéter des tours de magie pour les spectacles d'enfants… ».

« Comment sais-tu que ce sont des choses qu'il n'aime pas faire ? » souligna Addy avec raison. « Il a envie de se blottir contre toi et tu ne trouves rien de mieux à faire que te plaindre ? »

Je la fixai d'un regard vide en manipulant mon chandail. Il était encore humide après avoir été épongé et placé sous la lumière chauffante de la salle de bains. « Gio est un gars. Il est aussi populaire. C'est le genre de choses qu'il aimait faire avant de me rencontrer », lui expliquai-je en enfilant mon haut. La partie toujours humide me colla au ventre.

« Aie confiance. Il a sûrement encore envie de le faire. »

« Oui, avec une autre fille », lui dis-je surprise par la colère avec laquelle j'avais prononcé cette phrase.

Addy fit sa moue de maîtresse d'école en déplaçant sa bouche en cul-de-poule de côté. « Bon, écoute-moi, tout ce que je te dis, c'est que si Gio ne voulait plus rester à la maison avec toi, tu le saurais. N'ai-je pas raison ? »

Hélas, non. Gio était un si bon gars que si sa petite amie était trop pauvre pour se permettre autre chose que de passer ses soirées à la maison avec lui, il le ferait même si elle ne lui avait jamais avoué, même pas une fois, que c'était une question d'argent. Addy n'avait pas besoin de savoir cela à mon propos. « Pourquoi te dirait-il qu'il était au centre communautaire si ce n'est pas vrai ? »

« À cause d'une fille », répondis-je sans entrain.

« Ou peut-être, dit-elle avec emphase, qu'il accumule effectivement des heures au centre communautaire, comme il le dit. Quelle est selon toi, la réponse la plus simple ? »

« La plus simple… ».

« C'est le principe du rasoir d'Occam. »

« Occam, Ô camelote! »

« Vick, dit-elle en arborant de nouveau son petit air de maîtresse d'école. Tout se résume à une seule question. As-tu confiance en Gio ? » Super. Pose-moi la seule question à laquelle je préférerais ne pas répondre. Je secouai mes jeans, et les enfilai par-dessus mes jambes et mes cuisses parfaitement ordinaires. J'étais prête à parier que toutes les filles présentes à cette soirée avaient des jambes et des hanches parfaites, sans un iota de cellulite et que beaucoup d'entre elles seraient folles de joie d'avoir Gio comme petit ami. J'étais l'équivalent du bœuf haché dans un monde de filets mignons. Gio le savait. Et pourtant, c'était moi qu'il voyait depuis plusieurs mois déjà. Pourquoi? Addy ne lâchait toujours pas le morceau. « Et alors, as-tu confiance en lui ? »

Lorsque j'eus remonté ma fermeture éclair et rajusté les parties toujours humides de mon jean, je lui répondis : « Tu sais que Brie va se faire une joie de répandre lundi matin à l'école la nouvelle que la mère de Vick a été tuée par un chauffard ivre, oui, mon Dieu ! Et que depuis, Vick devient complètement maboule aussitôt qu'elle voit quelqu'un prendre un verre d'alcool... Quoi ? » Addy avait de nouveau la bouche en cul-de-poule. « Je ne suis pas timbrée, c'est juste que d'avoir de la bière partout sur moi... ».

« Je répète : Est-ce que tu as... ».

« Ça va, je me souviens de la question, lui répondis-je de mauvaise grâce. Est-ce que tu t'apprêtes à me faire un sermon ? »

« Peut-être. » Elle me fixa dans les yeux pendant un long moment puis enfonça sa main dans sa poche pour en retirer son portable. « Si tu n'as pas confiance. Téléphone-lui. »

La tentation était forte; très, très forte. « Supposons, dis-je en fixant toujours le petit téléphone rose à quelques centimètres seulement de mon nez, supposons qu'il réponde, je ne sais pas, disons de la dernière rangée d'un ciné-parc où il est en train de peloter une greluche et que je lui demande où il est? Je suis toujours au centre communautaire, les vieux sont en train de jouer au bingo, tu n'entends pas ? »

« Il n'y a pas de ciné-parc dans ce comté, dit Addy, et je ne parlais pas de son portable. Si tu ne lui fais pas confiance, tu dois appeler directement au centre communautaire et demander à lui parler. » Je dois rendre à César ce qui appartient à

César, Addy est capable de concocter des plans aussi rusés que les miens.

Pendant un long moment, je fixai le téléphone qui brillait de tous ses feux et je sus ce qu'Ève avait ressenti dans le jardin d'Éden lorsque le serpent lui avait tendu un gros morceau de strudel aux pommes.

Après ce qui m'apparut être une éternité, je secouai la tête en signe de dénégation. « Non, lui dis-je, restant de glace lorsqu'elle me brandit son téléphone sous le nez, je suis probablement la reine du mélodrame. » Elle me fit la grâce de retirer le téléphone de ma vue. « J'imagine que l'incident de la bière m'a affectée plus que je ne l'avais d'abord cru, dis-je en me retournant vers les immenses miroirs qui surplombaient les lavabos en verre. J'ai été stupide. »

Faire des retouches à son maquillage est depuis toujours le signal universel des filles s'apprêtant à rejoindre le monde extérieur. Une fois que j'eus donné le coup d'envoi, Addy vint se placer à côté de moi, examina sa peau de porcelaine et replaça ses cheveux. Incroyable comment sa chevelure qui, l'an dernier était frisottée et indomptable, est devenue si raide et élégante. Les gens changent au fil du temps. N'est-ce pas le changement qui caractérise la vie ? « Tu n'es pas stupide, dit-elle pour me rassurer, tu te laisses envahir par tes doutes. »

Voilà, mes retouches étaient terminées. « Tu as raison, je me suis emportée ». Addy se tourna vers moi, visiblement ravie que je partage son point de vue. La satisfaction que je lisais sur son visage me rendait un peu triste, mais je prétendis être soulagée. « Pourquoi ne vas-tu pas rejoindre les autres ? lui suggérai-je, je descends dans un instant. »

« Je peux t'attendre », dit-elle.

« J'ai besoin de rester seule quelques minutes. Tout va bien. » En nous dirigeant vers la porte, Addy jeta avec regret un coup d'œil circulaire à l'immense salle de bains. Je posai ma main sur son épaule : « Merci de m'avoir aidée. »

Les yeux arrondis par la surprise, Addy me répondit : « Mais c'est tout à fait normal. »

Je la laissai me serrer les mains. Elle se décida enfin à quitter les lieux. Je refermai la porte, la verrouillai, puis j'appuyai mon dos dessus en expirant longuement. Je venais de faire un petit numéro digne de figurer dans une anthologie quelconque. Bien sûr, j'étais contente d'avoir Addy comme amie, mais toutes mes déclarations visant à la convaincre que je ne voulais pas vérifier les allées et venues de Gio étaient du grand art !

Oui, j'étais un peu malhonnête, mais n'était-ce pas préférable pour Addy et tous les autres que je ne les importune pas avec mes doutes ? J'étais prête à jurer que tout allait parfaitement bien pour les protéger, même si je devais en mourir. Ils n'avaient pas besoin de connaître mes inquiétudes à propos de Gio ni les malheurs qui m'affligeaient à la maison. À travers la pièce caverneuse – qui a vraiment besoin d'une salle de bains aussi vaste que notre salle de séjour ? – je fixai l'image qui se reflétait dans le miroir. J'étais la Vick impitoyable, la dure à cuire. C'était celle qui s'apprêtait à quitter la pièce, à fendre la foule et à retourner chez elle.

Mon plan fut chamboulé dès l'instant où j'ouvris la porte. Une fille et un gars se faufilèrent rapidement dans la salle de bains. Ce faisant, la fille entra en collision avec moi. « Désolée, Vick », me dit la fille.

Le fait qu'elle sache mon nom alors que je n'avais aucune idée du sien m'agaça, pour une quelconque raison. « Je vous suggère d'essayer la baignoire, aboyai-je devant la porte vitement refermée et verrouillée, elle est assez grande pour deux. »

« Ça va mieux ? » demanda une voix derrière moi. Tyler Woodwell était là, appuyé contre le mur, les bras croisés, sa sempiternelle casquette enfoncée jusqu'aux yeux.

« Dis-moi, cette casquette, est-elle vissée sur ta tête ? La portes-tu toujours à l'intérieur comme à l'extérieur, beau temps mauvais temps ? Que signifie cette casquette omniprésente ? Que représente-t-elle pour toi ? Est-ce que c'est son apparence plus qu'ordinaire qui fait que tu la portes constamment ou est-ce pour camoufler tes cheveux gras ? Dis-moi, je veux savoir », lui dis-je, les yeux pratiquement au plafond tellement il est grand. « À bien y penser, laisse tomber. »

Lorsque je tentai de le contourner, il posa sa main sur mon épaule. Nous tournâmes la tête simultanément vers la cage de l'escalier d'où montait un bruit de verre cassé. « Ce que je ne m'explique pas, fit-il, c'est comment une fille qui utilise le mot omniprésent se retrouve dans les classes de cheminement ? »

« Que veux-tu insinuer ? » lui répliquai-je d'une voix mauvaise.

« Tu es inscrite dans le cours de maths et de sciences en éducation spécialisée, n'est-ce pas ? »

« Non, la directrice adjointe Oostergard m'a inscrite temporairement dans ce qu'elle appelle : les cours pour les étudiants qui éprouvent des difficultés de vie. »

« Oui, c'est ce que je disais, en éducation spécialisée », me répéta-t-il.

« Je n'arrive pas à croire que je suis ici en train d'écouter toutes ces niaiseries », lui lançai-je, complètement exaspérée. Pourquoi me harcelait-il de la sorte ? La colère que j'éprouvais envers Tyler ne me fit pas oublier une seconde celle que je ressentais envers Gio. Mais au lieu de descendre les escaliers où, d'après les sons qui nous parvenaient, trois ou quatre gars s'amusaient à crier à plein poumon, je me hasardai à lui demander : « As-tu un portable ? »

« Oui, bien sûr », me répondit-il perplexe, comme si je venais de lui demander le numéro atomique du magnésium.

Je tendis la main pendant qu'il fouillait dans sa poche arrière. Le bruit en bas devenait de plus en plus fort comme si une rixe avait éclaté. « Pouvons-nous aller dehors ? »

« Oui, suis-moi. »

Tyler avait dû visiter souvent la maison de Brandon, car il connaissait les lieux comme le fond de sa poche. Il s'empara de ma main et me guida à travers un dédale de pièces, de corridors et d'escaliers menant à la cuisine d'été. Cette pièce avait été désertée au profit de la salle de séjour où la bagarre se poursuivait. La musique à fond la caisse, plusieurs gars criaient à tue-tête chaque fois que l'un d'eux se lançait de tout son poids sur le mur.

Tyler m'entraîna dans la direction opposée, vers les portes françaises qui menaient à l'extérieur, lorsque nous entendîmes à nouveau un bruit de verre cassé. « Aie ! Je pense que Brandon aura une ou deux choses à expliquer à ses parents ! »

La brise fraîche d'une nuit d'octobre était la bienvenue après la chaleur moite de la maison. À cause de mes vêtements humides, j'eus l'impression d'entrer dans un congélateur Sub-zéro. Une sensation que je préférai à la chaleur étouffante de la maison. Deux jeunes étaient sur la terrasse en train de griller une cigarette. « Que se passe-t-il? », nous demanda l'un d'eux.

« Un cas de testostérone en folie, peut-être ? » suggérai-je.

« Des gars sont en train de se battre », expliqua Tyler. Ils se levèrent d'un bond et s'engouffrèrent vite à l'intérieur pour ne rien manquer. Bien que j'entendisse toujours le boum-boum-boum de la musique et le rugissement des voix masculines, nous étions dans un endroit relativement tranquille. « Alors, tu veux faire un appel ? » demanda Tyler en fouillant dans sa poche.

Une quinquagénaire en bigoudis apparut soudain à la fenêtre de la maison voisine : « Vous faites beaucoup trop de bruit », cria-t-elle. Nous discernions à peine ses traits, mais elle était de toute évidence complètement excédée.

« Ce n'est pas nous qui avons organisé cette soirée, madame », lui répondit Tyler. Je fus surprise de la politesse dont il faisait preuve.

« Je m'en fiche ! Vous êtes allés trop loin cette fois ! J'ai prévenu la police ! » cria-t-elle avant de refermer violemment sa fenêtre.

Dans la faible lumière jaune qui baignait la terrasse, Tyler et moi nous regardâmes pendant un court instant avant de pouffer de rire. « C'est complètement fou », dis-je en m'asseyant.

« Remarque que je la comprends, je ne suis pas sûr que je voudrais demeurer à côté des Jerome, ce soir en particulier », dit Tyler en s'assoyant à côté de moi, mais pas trop près.

« Je pensais que Brandon et toi étiez les meilleurs amis du monde ? »

« Il y a plusieurs sortes d'amis ». Je compris parfaitement ce qu'il voulait dire. « Voilà !, reprit-il en me tendant un vieux portable qui avait connu des jours meilleurs, tu veux toujours faire un appel ? »

Je le pris dans ma main. « Merci », dis-je. Le plastique était toujours chaud. Nous sommes restés longtemps sans parler puis il me demanda : « Tu veux que je t'explique comment t'en servir ? »

« Merci, je vais me débrouiller. » La grande question était de savoir si je voulais vraiment m'en servir. Addy avait raison. Tout était une question de confiance. Si je téléphonais au centre communautaire, n'allais-je pas tout gâcher ? J'avais l'impression de marcher sur un lac gelé en ne sachant pas si la glace résisterait sous mon poids. Un pas de trop et des fissures se mettent à courir sur la glace, et celles-ci sont irréversibles.

Nous étions assis en silence lorsqu'il reprit : « Tu te souviens du jour où tu m'as frappé à l'école… »

« Je ne t'ai pas frappé! » protestai-je. Parlait-il de la fois où il s'était cassé la jambe ou de la semaine dernière ? « Tu parles de quand ? »

« Tu vois ! Tu es obligée de me le demander ! » À mon grand chagrin, il continua de parler. Il ne semblait pas m'en vouloir, au contraire. « Lundi dernier, tu t'en souviens ? De toute façon, j'allais te confier quelque chose. »

Néanmoins, je ne lâchai pas prise: « La seule chose que j'ai faite lundi a été de t'agripper par le collet et de te brasser un peu. » Il me regarda d'un air qui voulait dire : comme si ce geste ne t'avait pas mérité une visite au bureau de la Oostergard ? « Et je n'étais même pas dans les parages lorsque tu t'es cassé la jambe, l'an dernier », poursuivis-je.

« Oui, je sais, acquiesça-t-il à ma grande surprise. Il n'y avait pas grand monde autour quand je me suis cassé la jambe, je veux dire : après. » Il tourna la tête vers moi pour me regarder dans les yeux. « Une des choses les plus étranges du monde du sport est qu'on ne se rappelle que de ta dernière performance. »

« Tu vas me faire pleurer. Vous êtes, vous les sportifs, le centre d'attraction. L'équipe locale de football reçoit plus d'attention dans cette ville que le Superbowl partout ailleurs. Que veux-tu que je te dise ? Que tu fais pitié ? »

Il ignora mes sarcasmes et poursuivit : « Quand je te dis que j'ai été mis de côté, j'ai vraiment été mis de côté, fit-il en fourrant ses mains dans les poches de son veston en jeans. Non seulement je ne pouvais plus jouer au football comme avant, mais j'étais complètement hors du circuit. J'allais en physiothérapie plutôt que de rester à parler avec les autres après l'école, je restais à la maison plutôt que d'assister aux fêtes, aux *pep rallies* et à tout ce genre de foutaises. »

Il avait dû m'entendre ricaner parce qu'il ajouta : « Oui, je sais, c'est de la foutaise. La première chose que tu comprends lorsque tout s'effondre autour de toi, c'est la façon dont les gens perçoivent les choses qui te tenaient à cœur. Les *pep rallies* ? Ceux qui n'y assistent pas, et c'est la majorité, considèrent que c'est de la foutaise. Les matchs de football ? De la foutaise. L'esprit d'équipe ?... »

« Laisse-moi deviner. De la foutaise ? »

« À peu près. Mais tu sais ce qui est encore pire ? » Je secouai la tête. Bien que je ne sois pas attendrie par son histoire, j'y portais de plus en plus attention. « C'est de se promener en béquilles et de voir ceux que je considérais comme mes amis se défiler en courant. C'est comme si je n'étais plus une personne à part entière. J'étais devenu le pauvre Tyler. Mais la pitié ne dure qu'un temps et elle est vite remplacée par l'indifférence. » Je comprenais très bien ce qu'il avait ressenti, l'ayant moi-même expérimenté maintes fois. « Ce qui fait le plus mal, c'est lorsque j'ai entendu ce que les autres disaient de moi. »

« Je ne peux croire que tes copains de football se sont mis à dire du mal de toi! »

« Non, je ne parle pas de mes amis sportifs. Tu sais la petite partie qui… as-tu vu le film *Titanic* ? » Je levai la tête et lui lança un regard hostile. Je n'avais tellement pas le goût de jouer avec Tyler Woodwell au jeu du Je suis le roi du monde ! « Tu sais que lorsqu'on voit un iceberg flotter sur l'océan, la partie qui émerge de l'eau représente à peine dix pour cent de l'iceberg. Dessous se trouvait donc une masse énorme de glace, prête à réduire la coque du *Titanic* en pièces. »

Il se mit alors à reproduire une série d'effets sonores provenant directement du film, de l'entrechoquement de la glace qui heurte le métal jusqu'au bruit de l'eau qui déferle sur les ponts en passant par le grondement sourd du bateau qui se rompt. Si je n'avais pas été d'humeur aussi sombre, j'aurais très bien pu éclater de rire. « De toute façon, ce que je veux dire c'est que l'école a beaucoup de points communs avec les icebergs. Tout d'abord, il y a cette toute petite partie visible dont font partie les sportifs, les superstars académiques, ceux qui font partie de la chorale de l'école et ceux qui vont finir au bagne ainsi que les filles les plus populaires et puis, il y a cette immense masse anonyme qui compose les quatre-vingt-dix pour cent restants. »

Je n'étais pas d'accord avec sa dernière assertion. « Tu veux dire qu'il y a une immense masse anonyme que vous, les gars, qui faites partie du dix pour cent, ne vous donnez pas la peine de remarquer. »

« Mais de quoi parles-tu ? »

« Je dis que vous les gars qui … ».

« Non, pourquoi dis-tu : Vous les gars ? »

Pendant quelques secondes, je ne sus que répondre. Apparemment, on continuait de se battre dans la maison, puisque je percevais des cris de consternation après ce qui m'apparaissait comme le bruit sourd de meubles que l'on déplace. Je laissai la clameur remplir le silence. « Que veux-tu dire ? » lui demandai-je en lui faisant bien sentir qu'il s'engageait dans une voie dangereuse.

« Voyons, Marotti. Penses-tu vraiment que les gens ignorent qui tu es ? » J'allais protester lorsqu'il me coupa la parole. « Tu as mis beaucoup d'efforts pour t'assurer que tout le monde connaisse bien Vick la terrible et sa bande d'amis. »

Ses mots m'emplirent d'une colère froide. « Arrête ! C'est vrai que certaines personnes connaissent mon nom, mais aucune d'entre elles ne voudraient être comme moi. Je ne suis pas une belle fille ni une première de classe... ».

« Tu ne fais pas partie non plus de la chorale, dit-il sur le ton de la confidence, peut-être que tu corresponds plus à la bande qui va finir au bagne... »

« Ah, ah, très drôle, lui répondis-je en pointant l'antenne de son portable contre mon genou. Qu'attends-tu de moi, Woodwell ? Tu veux que je te dise que je suis populaire afin que tu te sentes moins coupable des rumeurs que tu as fait courir sur mon compte ? »

« Je n'ai jamais rien fait de tel ! protesta-t-il avec vigueur. Lorsque tu as lancé ce sort tu venais de te quereller avec Barry Ota. J'étais là ce fameux après-midi lorsque les mots ont commencé à apparaître sur tes bras et c'est quand je me suis cassé la jambe que les gens se sont mis à dire : Vick a jeté un sort au pauvre Tyler. Mais j'étais dans la foule ! »

« Quoi qu'il en soit. » Les gens qui tiennent absolument à rétablir les faits, alors que j'aurais plus tendance à les oublier m'ennuient prodigieusement.

« Il n'y a rien... Qu'est-ce qu'on entend ? » dit-il. Au début, je n'entendis rien, mais en me concentrant, je perçus au loin le hululement de sirènes. « J'imagine que la voisine a bel et bien prévenu les policiers. »

« Je suis content d'être ici plutôt qu'à l'intérieur. »

Bien que j'eusse un peu froid, je hochai la tête. « On est mieux ici. »

« Je ne te demande rien sauf peut-être d'être un peu plus gentille avec moi, surtout que je te prête mon portable et tout et tout. » Je ne pus m'empêcher de lever les yeux au ciel. Apparemment, je lui étais redevable aussi pour sa jambe cassée. « Tout ce que je te dis, c'est que lorsque je suis devenu invisible comme la partie submergée de l'iceberg, j'ai entendu tout ce que les gens disaient de ceux qui faisaient partie du dix pour cent. Et j'ai eu une révélation. »

« Si tu essaies de me tourmenter pour que je te demande ce que les autres disent de moi, je m'en fiche. » Je mentais. J'étais très intéressée à le savoir. Qui ne le serait pas ? Bien que dans certains cas, il vaut mieux ne pas tout savoir, je savais que je ne m'abaisserais jamais à le supplier de me les répéter.

« Tu as vraiment mauvais caractère. »

« Tu viens de t'en apercevoir ? lançai-je sans ménagement, et toi tu es un fouineur. »

« Bon, le fouineur veut te dire autre chose. Tu sais la carte de repas gratuits que tu tentais de me cacher », il savait dès l'instant où je retins mon souffle qu'il venait de faire mouche, « eh bien, cette carte que tu sembles trouver si honteuse, j'en ai eu une pendant trois ans pendant que mes parents étaient sans travail. »

Il fallait qu'il creuse le sujet! J'avais peut-être effectivement des problèmes de gestion de la colère. En ce moment, il était évident pour quiconque qui m'aurait entendu parler que c'était bien le cas. « Et puis après ? Le fait que nous ayons et toi et moi bénéficié d'un repas gratuit par jour ne fait pas de toi un expert sur ma personne. » Jamais au grand jamais je ne lui aurais avoué que ce repas était souvent mon seul repas chaud de la journée.

« Calme-toi. »

Je bondis sur mes pieds : « Ne t'avise jamais... » Je ne savais pas si mon humeur du moment était influencée par le rugissement des sirènes ou vice-versa. D'après le volume des sirènes, les voitures de police devaient être stationnées devant la maison. Je vis par intermittence des lueurs rougeâtres qui illuminaient le voisinage. « Je vais bien, lui criai-je à pleins poumons, je suis très calme, je ne suis pas énervée et je n'ai pas besoin... ».

Quelle façon boiteuse de finir une phrase ! « De quoi n'as-tu donc pas besoin ? » me demanda-t-il doucement, et comme je ne répondais pas, il poursuivit : « De quoi as-tu besoin ? »

Les gyrophares éclairaient toujours le mur de briques de la maison mitoyenne et de longues bandes de gazon à un rythme hypnotique, et les sirènes s'étaient tues depuis quelques secondes. « J'ai besoin de passer un coup de fil », dis-je en pianotant le 4-1-1.

« Assistance annuaire, pour quelle ville, et quel est le nom de la personne que vous voulez joindre ? » entendis-je un adulte me répondre d'une voix ennuyée. Je lui fournis les informations demandées. « Je vous transfère. »

Tyler faisait semblant de ne rien entendre, ce qui était impossible. Pour une raison ou pour une autre, je m'en fichais. S'il veut faire partie de la majorité silencieuse submergée, libre à lui. Je revis la fille avec qui j'étais entrée en collision là-haut et qui savait mon nom, alors que je n'avais aucune idée du sien. Cette pensée me mit mal à l'aise. La voix d'une personne à l'autre bout du fil mit un terme à ces pensées. « Centre Sycomore pour personnes âgées, bonsoir, puis-je vous aider ? »

Oh mon Dieu ! Je viens de faire le pas de trop sur la glace, celui qui la fait craquer et céder. La panique me fit déglutir et répondre un « Oui ? » complètement hors de propos.

Fais une femme de toi, ma fille. Ce n'est qu'un coup de fil, me dis-je pour me donner le courage de poursuivre. « Je me demandais si Gio Carson était toujours au centre », fis-je en gardant ma voix bien basse surtout lorsque je prononçai le nom de Gio. Est-ce que Tyler se doutait de ce que j'étais en train de faire ? « C'est un étudiant bénévole. »

« Qui ? » dit-elle, confirmant ainsi mes pires craintes. Elle ne le connaissait ni d'Ève ni d'Adam. Mon petit ami me mentait, ma vie serait dorénavant une vallée de larmes et j'étais condamnée à mourir de chagrin. Puis la voix à l'autre bout du fil s'exclama : « Oh, Gio ! »

« Oui, c'est bien ça », dis-je aussi reconnaissante qu'un jeune chiot à qui l'on venait de donner un Milk-Bone à grignoter. « Gio Carso, est-il là ? Je ne veux pas lui parler, je veux simplement... ».

« C'est de la part de qui ? » demanda la femme avec méfiance. Je l'imaginais petite, précieuse et bien en chair, un peu comme la femme du millionnaire dans l'émission l'*Île de Gilligan*. Elle entendait peut-être la musique assourdissante en arrière-fond qui, par magie, s'interrompait.

« Je ... suis..., lui dis-je en regardant Tyler qui m'écoutait, sa mère. »

« Oh ! Comme vous devez être fière de votre petit Gio! me dit-elle d'une voix si forte que je dus décoller l'appareil de mon oreille, il est tellement adorable ! »

« Ah oui ? » fis-je avant de me rattraper, oui je sais, les gens me le disent souvent. »

« Il est toujours de bonne humeur, c'est un boute-en-train. C'est notre petit Gio. Je l'ai vu un peu plus tôt, laissez-moi voir si je peux le retrouver... ».

« Non, balbutiai-je, ce ne sera pas nécessaire. »

« Ce n'est rien. Ne quittez pas... ».

Vite, je pesai sur le bouton coupant la communication et, ce faisant, je faillis échapper l'appareil. Qu'allait penser Gio lorsque la réceptionniste lui dirait que sa mère lui avait téléphoné ? Ce qui n'a rien d'anormal. Mais supposons qu'il s'avise de retracer l'appel et s'aperçoive que c'était moi ? Non, impossible, ce n'était pas mon portable. J'essuyai le portable sur mon jean avant de le remettre à Tyler : « Tu n'en parles à personne sinon tu devras reprendre des séances de physiothérapie. »

Il haussa les sourcils : « Tu vérifies les allées et venues de ton petit ami ? Ce n'est jamais un bon signe. »

« Tais-toi ! »déclarai-je en lui enfonçant l'index dans la poitrine. Je me levai avec ce qu'il me restait de dignité. Jamais je n'aurais dû faire cet appel.

« Message compris, Marotti, ou devrais-je dire Madame Carson ? » me lança-t-il à la blague.

Je lui enfonçai de nouveau l'index dans la poitrine, puis je me dirigeai vers la porte de la cuisine d'été. Tout était calme. Peut-être pourrais-je retourner dans la salle de billard pour retrouver mon pendentif ? Tyler m'emboîta le pas. « Vous êtes assez attirante pour une maman au foyer, Madame Carson. »

« Tu la boucles », lui répondis-je au moment où deux policiers firent irruption sur la terrasse.

L'un d'entre eux me braqua sa lampe de poche dans les yeux. « Nous en avons deux autres sur la terrasse ! » annonça-t-il dans un walkie-talkie.

Entre-temps, celui qui était le plus près de moi avait senti des odeurs de bière et en avait tiré les conclusions qui s'imposaient. « Quel âge avez vous ? » me demanda-t-il.

« Pourquoi ? » Je ne voulais pas être insolente, je voulais tout simplement savoir.

« Elle sent la bière à plein nez », dit-il à son collègue.

Tyler prit ma défense. « Elle n'a pas bu, Monsieur l'agent. J'ai été avec elle toute la soirée. »

« Et moi je suis Porky Pig. Suivez-nous tous les deux. »

Malgré nos protestations, nous dûmes les suivre. Non seulement avais-je dû supporter un nombre incalculable de vexations lors de ma première soirée du genre, mais il semblait aller de soi que je devais me faire arrêter pour couronner le tout.

Chapitre sept

« Il appert qu'étant donné vos derniers exploits dont une arrestation... ».

« Je n'ai pas été arrêtée. » En fait, je ne l'avais pas été et je n'allais pas prétendre le contraire pour satisfaire la Oostergard.

« Vickie... ».

« Mon prénom c'est Vick, d'accord ? Et aucune charge n'a été retenue contre moi, d'accord. Ils ne m'ont pas enfermée derrière les barreaux et je n'ai pas porté l'uniforme rayé. Compris ? »

Cette dame faisait une montagne à partir de rien. Elle n'écoutait jamais ma version des faits, mais devenait extrêmement attentive au moindre ragot bizarre. « Comme le prisonnier sur la carte Sortez de prison gratuitement du jeu Monopoly. Tout ce que j'ai dû faire, c'est d'attendre que mon père vienne me chercher. »

Elle entra enfin dans le vif du sujet. Elle sortit une feuille de papier orange et l'étudia minutieusement. « Ce qu'il fit vers minuit... ».

« Quinze minutes après que les policiers m'eurent donné la permission de lui téléphoner. C'est assez rapide, il me semble. »

« Apparemment, il a dit à l'officier Burke qu'il ne savait pas que sa fille avait un problème d'alcool... ».

Oh ! Dieu du ciel ! elle n'allait pas partir sur cette piste ! « Je ne bois pas. J'ai même subi l'alcootest et je l'ai passé haut la main. Merci. »

Elle me sourit de son fameux sourire qu'elle arborait lorsqu'elle s'apprêtait à quitter la réalité pour entrer dans un monde imaginaire.

« Vickie… ».

« Vick. »

« En raison des derniers événements, monsieur O'Doul et moi, pensons… ». À vrai dire, j'avais presque oublié la présence de mon conseiller O'Douleur. Il n'avait pratiquement pas ouvert la bouche. Dormait-il ? Il était impossible de le savoir avec ses lunettes en cul de bouteille et sa barbe si épaisse. « Nous avons pensé qu'en l'absence de guidance parentale, il serait peut-être judicieux… » Mon cerveau devait être au ralenti car je ne comprenais qu'un mot sur dix de ce que la directrice adjointe me disait. « … Il semble bien… en lieu et place d'un parent… » Ma respiration s'accéléra, ce qu'elle s'apprêtait à me dire n'allait pas me plaire, « … qui nous glisse entre les doigts… nous croyons qu'il est de notre devoir… et d'aviser les services sociaux. »

Le mot eut sur moi l'effet d'une douche froide.

« Quoi ? » tentai-je d'articuler sans réussir à émettre un son. Une travailleuse sociale ? Une seule visite à notre maison lui suffira pour qu'elle recommande que je sois confiée à un foyer d'accueil. Je rêve ! Pendant que la Oostergard continuait à pérorer, je pris quelques respirations profondes avant de déclarer : « Un instant ! Dites-moi le sort réservé à ceux qui étaient à cette soirée ? »

« La confidentialité m'empêche de… », commença-t-elle à dire.

« Et que va-t-il arriver aux deux gars qui ont parti la bagarre ? Vont-ils être confiés aux soins d'une travailleuse sociale ? Et ceux qui ont vomi dans le panier à salade ? Ont-ils droit à ce genre d'attention de votre part ou suis-je la seule ? »

Pendant que je parlais, la directrice adjointe griffonnait furieusement des notes. Je devais être, pour elle, un beau spécimen d'étude psychologique. « Vous n'avez pas le droit de me faire cela ! »

« Vickie, reprit la Oostergard de sa voix la plus onctueuse, si votre père… »

J'en avais assez. La coupe était pleine. « Arrêtez de vous en prendre à mon père, il fait son possible ». Et je n'avais aucune intention de lui rapporter cette conversation, par ailleurs. Je me levai, décidée à mettre un terme à cette forme d'inquisition.

« Vickie, voulez-vous un papier mouchoir ? » Incroyable mais vrai, O'Douleur était éveillé. Il fouilla la poche de son blazer, en sortit un petit sac de papier mouchoir et m'en tendit un. « Il n'y a pas de mal à demander de l'aide, vous savez. »

« Rassieds-toi », reprit la Oostergard en posant ses lunettes de lecture sur son nez.

« Vous devriez demander de l'aide pour lire ce rapport de police parce que je n'ai pas été arrêtée et je n'avais pas bu. » Même que les policiers ont trouvé que j'étais plutôt amusante lorsqu'ils ont compris que leurs soupçons n'étaient pas fondés. Je leur fis même des tours de magie pendant que j'attendais mon père. « J'en ai assez entendu. Merci d'avoir gâché ma période de dîner. »

J'étais déjà sur mes pieds, prête à partir. Tout ce qu'il me restait à faire, c'était de franchir la distance qui me séparait de la porte et de sortir. Juste avant de la refermer, j'entendis la voix plaintive de la Oostergard : « Tu sais Vickie, fuir devant nos problèmes n'est pas une solution… ».

Peut-être pas, mais je me sentis bien libérée.

Je ne fus pas surprise de retrouver Addy, le petit Tony et Gio en train d'épier à travers les vitres des portes près des bureaux administratifs de l'école. Depuis les événements de samedi précédent, j'étais plus ou moins constamment entourée d'une petite bande de sympathisants, qui m'escortait dès mon arrivée à l'école, et ce, jusqu'à la fin de la journée. Un peu comme les « hobbits » qui se pressaient autour de monsieur Frodon pour s'assurer qu'il prenne bien soin de l'anneau. Addy était mon Gandalf. « Comment ça s'est passé ? » me demanda-t-elle.

Magnifiquement bien aurais-je voulu lui répondre. La directrice adjointe insiste pour qu'une assistante sociale vienne me visiter chez moi. Elle dit que mon père n'est pas apte à prendre soin de moi et que je pourrais me retrouver dans une famille d'accueil parce que je suis une délinquante qui requiert des soins particuliers. Au lieu de lui dire tout ça, je les laissai m'entraîner dans les marches de l'escalier où ils avaient déposé leurs casse-croûte.

La seule allusion aux malheurs qui me frappaient fut d'émettre un faible « ah! » Derrière ce « ah! » se cachait un monde de douleur inexprimée.

En vérité, les élèves n'avaient pas le droit de manger leur casse-croûte ailleurs que dans la cafétéria et dans la cour arrière, mais de bons élèves comme Gio et Addy pouvaient faire à peu près tout ce qu'ils voulaient. Pas moi. « Comment vas-tu ? » me demanda Gio.

J'oubliai pour l'instant sa désertion de samedi dernier. Présentement, la seule chose qui comptait, c'était sa main qui reposait sur la mienne. J'appréciai beaucoup moins le fait que le petit Tony en arrière de moi en profita pour passer ses bras autour de mes épaules. « Veux-tu que je leur glisse un mot ou deux, mon petit chou ? » me demanda-t-il.

Une question à laquelle je ne pris même pas le temps de répondre. « C'est totalement injustifié », me plaignis-je. Lorsqu'Addy m'offrit la moitié de son sandwich au poulet, j'acceptai. « Pour eux, tout ce que je fais est mal. Je sauverais un orphelinat complet des flammes qu'ils trouveraient le moyen de m'accuser d'avoir provoqué le feu. »

Peut-être à cause de l'aigreur qu'elle percevait dans ma voix, Addy m'offrit son petit pouding. Je le repoussai de la main. Je n'aime pas le pouding au tapioca. La texture est trop visqueuse. « Ils y vont un peu fort avec toi », admit-elle.

Gio prit la parole : « C'est de ma faute. Si j'avais été là... ».

« ... Tu aurais toi aussi été pris dans la rafle et cela aurait été consigné dans ton dossier. »

« Oui, mais au moins j'aurais pu t'aider à t'en sortir. »

Cette dernière remarque de Gio sembla agacer Addy.

« Nous nous sommes tous mis à sa recherche », dit-elle pour la énième fois depuis quatre jours. « C'est vrai. »

« Oui, je sais, lui répondis-je encore une fois. La seule chose que je souhaite c'est de retrouver mon pendentif. »

« Je vais aller faire un tour chez Brandon pour savoir si ses parents ne l'auraient pas retrouvé, me dit Gio, ... enfin, s'ils me laissent entrer... Brandon est sous haute surveillance ces jours-ci. »

Addy se débattait toujours avec le fait qu'elle croyait qu'elle n'avait pas tenté tout son possible pour me sauver. « Nous sommes sortis par la porte avant, et cela, peut-être trente secondes avant l'arrivée des policiers. Nous pensions que tu étais déjà partie. »

« Moi, je t'aurais transportée sur mes épaules ». Vraiment, Tony était l'un de ces stupides « hobbits ».

« Ces soirées finissent toujours mal, dit Gio à mon grand étonnement. Je t'avais dit que ça ne valait pas la peine d'y aller. »

Avais-je bien entendu ? « C'est toi qui voulais y aller ! »

« Non, c'est faux, c'est toi qui désirais y aller », contre-attaqua-t-il.

Nous nous regardâmes dans les yeux, les sourcils froncés. « Je n'aime même pas ce genre de soirée ! » lui rappelai-je.

« Vick, tu semblais si contente d'y aller... ».

« Simplement parce que je croyais que c'était ce que tu voulais... ».

« Sommes-nous en train de nous quereller ? »

Je levai la tête, attristée. « Je ne sais pas. » Cette discussion en avait toutes les apparences. Pourquoi nous querellions-nous? Lorsque je glissai un regard coupable vers Addy, elle se mordillait les lèvres comme si elle cherchait un moyen de se rendre invisible. « J'ai déjà beaucoup de chats à fouetter », prononçai-je très lentement.

« Je n'ai pas vraiment envie de me chicaner avec vous, les amis. Je ne veux pas me disputer avec toi », dis-je doucement à l'intention de Gio.

« Allez, Tony, entendis-je Addy murmurer, on s'en va. »

« Mais il nous reste encore cinq minutes », se plaignit-il.

« Viens, je t'offre mon pouding au tapioca. »

Tony se leva et suivit Addy vers l'école sans rechigner. Quoi ? Je venais de perdre au profit d'un pouding au tapioca ? Rien pour me remonter l'ego. « Désolée, je ne voulais pas... mais je suppose que mon entrevue avec la Oostergard m'a complètement bouleversée. »

« Voudrais-tu qu'on en parle ? Vick, tu peux tout me dire. »

Le pouvais-je vraiment ? Il me disait toujours ça, mais pouvais-je lui faire confiance ? Pouvais-je lui avouer que je l'avais espionné ce fameux soir ? J'avais honte d'avoir fait ce geste. « Je sais », lui dis-je enfin.

« Est-ce qu'il y a quelque chose qui a changé entre nous ? » Oh ! non ! Il verbalisait les questions que je ne voulais pas poser. Pourquoi, Gio, pourquoi ? « Dernièrement, j'ai l'impression que les choses ont changé. »

« Oui, les choses ont changé, dis-je d'une voix que je voulais joyeuse tout en gardant les yeux fixés sur l'asphalte, je ne fais plus mon numéro de sorcière et tu n'es plus mon producteur. Nous sommes simplement ensemble, maintenant. Ce n'est peut-être pas... ». Je ne voulais pas avoir à prononcer ces mots, mais il était trop tard. « Peut-être que ce n'est pas suffisant. »

« Pour toi ? »

« Non ! lui répondis-je d'une voix étranglée, pour toi. »

« Parce que s'il y a quelque chose qui manque et que je ne donne pas... ».

« Oui, toi. » Je pouvais voir d'ici les grands titres des journaux JEUNE FILLE MEURT D'APOPLEXIE SUR LES MARCHES DE L'ÉCOLE. « Tu es celui qui manque, Gio, je ne peux former un couple à moi seule !. » Le son de la première cloche nous parvint suivi du brouhaha des portes qui claquent et du bruit des gens déambulant dans les corridors. Je ne voulais pas ressasser ce même vieil argument. « Je dois y aller. »

Il s'empara de ma main. « La situation n'est que passagère. Bientôt tout redeviendra à la normale. »

« Quand ? » insistai-je. Je n'attendis pas la réponse. Lorsque Gio se mit à prononcer des mots que j'avais entendus à maintes reprises, je me levai et époussetai l'arrière de mon jean. « Il ne faut pas que je sois en retard en classe. »

« Est-ce une rupture ? me demanda-t-il en se levant à son tour. Je ne veux pas que nous rompions. »

La douleur que me causa cette question était indicible. Chaque mot était un poignard qu'il enfonçait dans mon cœur. « Non », lui dis-je. J'avais déjà rompu avec Gio au printemps dernier, lorsque je pensais que le fait qu'il soit associé à moi pouvait nuire à son admission dans certains collèges. J'avais pleuré toutes les larmes de mon corps derrière des portes closes. À l'époque, il n'avait rien fait pour mériter cette peine et cette douleur que je lui avais infligées. Et maintenant ? Je n'en étais pas aussi sûre. « Ce n'est pas une rupture, c'est une prise de conscience. »

« Vick, non. Je vais prendre congé ce soir. Nous pourrions faire quelque chose ensemble. »

« Désolée, lui répondis-je la mort dans l'âme. Je suis occupée ce soir. »

Sur ce, je pénétrai dans l'école. Ma dernière réplique avait été un mensonge monumental, mais j'avais éprouvé une certaine satisfaction à lui dire que je n'étais pas disponible.

Étais-je une vraie sorcière? L'an dernier, j'avais fait semblant d'être une illusionniste professionnelle. Cette année, j'avais laissé tomber la fumée et les miroirs, mais qui sait ? Peut-être que ce côté sombre me suivrait toute ma vie ? Était-ce si répréhensible de vouloir un petit ami attentionné ?

J'aimerais connaître la ligne qui départage le fait d'être bousculée par tous et celui d'être une vraie sorcière.

J'atteignis la fin du hall central qui menait aux classes d'arts plastiques, à l'atelier de bois à gauche et aux laboratoires de science à droite, lorsqu'une main me saisit et me poussa vers une alcôve. Au dernier semestre, un truc en macramé occupait cet espace jusqu'à ce que la chèvre Rambo le réduise en pièces et depuis, l'alcôve était inoccupée, personne n'ayant trouvé de substitut à cette belle pièce d'art. « Bonjour Marotti, me dit Tyler, je te cherchais. »

« Je n'ai pas le temps de te parler, lui dis-je d'un ton plus triste qu'inamical. Ils vont me crucifier si j'arrive en retard. »

« Tu as encore raté le cours d'histoire. Je m'inquiétais pour toi. »

« Ne crains rien, Marotti s'en sort toujours, lui lançai-je à la blague. Elle est faite en téflon. Tout lui glisse sur le dos, sans jamais coller. »

Nous savions tous les deux qu'il n'en était rien.

Tyler s'appuya sur le coin de l'alcôve en me regardant d'un air très sérieux.

« Qui te retenait, Oostergard ou O'Doul ? »

« J'ai eu droit au spécial Pékin, un plat de la colonne A et un autre de la colonne B. Les deux étaient là. »

« Oui, j'ai compris. » Apparemment, Tyler n'allait pas me laisser me défiler par des pirouettes. « C'était affreux, n'est-ce pas ? »

Personne ne nous prêtait attention ; les élèves étaient trop occupés qui à relire ses notes pour le cours suivant, qui à changer son sac à dos d'épaule, qui à fouiller dans son sac pour en sortir des crayons et des cahiers. « Oui, assez, admis-je en le regardant droit dans les yeux. La rencontre a été assez difficile. Et toi, est-ce qu'ils t'ont convoqué ? » lui demandai-je, curieuse d'entendre sa réponse.

« Non. »

Je regrettai instantanément de lui avoir posé la question. Pourquoi avais-je assumé qu'il avait lui aussi reçu une convocation ? « Désolée, c'était stupide de ma part, tu dois penser quelque chose comme pourquoi me pose-t-elle cette question ? Est-ce parce que nous avons profité tous les deux des repas gratuits ? Je m'excuse. Vraiment. »

« Non, je ne pensais pas ça du tout. Ma mère n'était pas très contente de devoir venir me cherche au poste de police. Elle a demandé au curé de notre église de venir me sermonner le lendemain après-midi, dit-il en souriant d'un petit sourire mal à l'aise. C'était assez pénible. »

« Désolée », lui dis-je en sympathisant avec lui.

« De toute façon, je peux te prêter mes notes de cours, si tu veux. Je peux peut-être passer chez toi ou tu peux venir chez moi, comme tu préfères... » Nous étions un peu mal à l'aise tous les deux. Il transféra son poids sur l'autre jambe. « Nous pourrions nous rejoindre à la fin des cours et je te donnerai les notes que j'ai prises. Son cours portait sur la rédaction de la Constitution, en tout cas. Bien, je ne te retiens pas plus longtemps. À ce soir. »

« Tyler », lui dis-je en le retenant par le coude. Pendant son long monologue, j'avais pris une décision. Ce n'était pas la première, ni la deuxième ni même la troisième fois qu'il se donnait la peine de me trouver pour me prêter ses notes. « Tu sais, chez moi, il n'y a pas de salle de billard. »

« C'est correct, de toute façon, je ne joue pas au billard. »

« Il n'y a pas non plus de baignoire en marbre, de terrain paysagé. » Et alors ? semblait-il vouloir dire. « La maison est passablement en désordre ; je ne parle pas de sous-vêtements qui traînent, mais des piles de journaux et des objets que mon père a ramassés et dont on devrait se débarrasser, mais si tu veux venir ce soir chez moi pour étudier, je serais très heureuse de pouvoir utiliser tes notes. »

Il me faisait signe d'un « oui » quand la seconde cloche se fit entendre. Si je me pressais, je pourrais rejoindre la classe avec quelques secondes de retard, assez pour mériter un haussement de sourcils de la part du professeur, mais pas assez pour avoir une coche dans la mauvaise colonne des présences. « Il faut que je me sauve ».

« À plus tard », lui dis-je en partant au trot. Lorsque je regardai derrière moi, je vis qu'il se retournait pour me regarder. Boom ! Il fonça sur un autre étudiant qui marchait en sens inverse.

Le fait d'être grand et mince ne lui donnait pas forcément une certaine grâce.

Finalement, je n'avais pas menti à Gio. J'allais être occupée ce soir.

Dommage que la culpabilité laisse un goût si amer dans la bouche, comme si j'avais mordu dans un citron.

Chapitre huit

« Bon, tu sais que je désapprouve par principe ce comportement, n'est-ce pas ? » Addy, très collet monté, perchée sur le dossier du banc en béton, les genoux aussi serrés que ses lèvres. Elle parlait exactement comme sa mère.

« Oui, Madame Kornwolf », soupirai-je. Que faisait Ray ? Il avait promis de nous prendre toutes les deux à 15 h 30. S'il n'arrivait pas bientôt, mon plan serait à l'eau.

« Je n'arrive pas à croire que tu as téléphoné au centre communautaire en prétendant être la mère de Gio. »

« Oui, Madame Kornwolf. » Je consultai ma montre en sautillant d'un pied puis de l'autre pour me réchauffer dans le stationnement de l'école. J'étais frigorifiée. Il faisait très froid cet après-midi et les mitaines n'ont jamais et ne feront jamais partie de mon image.

« Pire, tu ne m'as rien dit à ce sujet. »

« Non, Madame Kornwolf », murmurai-je. Puis, curieuse, je lui demandai : « Mais si tu désapprouves tellement ce que nous nous apprêtons à faire, comment se fait-il que tu sois ici ? »

Elle expira et des volutes d'air condensé sortirent de ses narines. « Je pense que je dois voir de mes propres yeux. C'est tout. »

« Allez, avoue que tu ne pouvais pas résister à l'idée de faire une enquête avec ta meilleure amie. »

« Dans tes rêves, Miss Marple. »

Fatiguée d'être assise, Addy se leva et vint me rejoindre sur le bord du trottoir. « Il me semble que je t'avais demandé de choisir une tenue discrète ? » Elle portait un manteau violet et rose avec des boutons turquoise et un chapeau assorti en laine, et, pour couronner le tout, de grosses lunettes solaires à la monture rose bonbon.

« J'ai suivi ta consigne ! » Elle se regarda puis détailla ma tenue noire comme si elle n'y voyait aucune différence.

« Le seul endroit où tu peux passer inaperçue avec une telle tenue, c'est dans une vidéo de Barney le dinosaure. »

Elle ignora ma remarque. « Voici Ray qui arrive. » Effectivement, la Honda de la mère de Ray s'engageait dans le stationnement jusqu'à l'allée Pop où nous l'attendions depuis vingt minutes déjà.

« Tu en as mis du temps ! » À l'autre bout du stationnement, loin des autres voitures des étudiants pour éviter qu'elle ne soit accidentellement égratignée se trouvait la Mustang bleue de mon petit ami. « Gio devrait sortir du Key Club d'un instant à l'autre. »

« Je n'ai jamais vraiment compris l'attirance des étudiants pour le Key Club, dit Addy Tout le monde y est si... coincé. »

« Mais regardez qui est-ce qui reproche aux autres d'être coincés ? » lui dis-je.

Addy réprima un sourire et je poursuivis : « Tu sais, les universités sont à la recherche d'étudiants qui ont reçu une formation complète. »

« Oui, mais... », Addy cessa de parler lorsque la voiture s'arrêta devant nous. « Qui est avec toi ? »

Je m'apprêtais à poser la même question. N'avais-je pas été suffisamment claire dans mes instructions ? Personne d'autre que nous trois. Je n'appréciai pas que Ray ait amené une parfaite étrangère. La vitre du côté passager s'abaissa et nous vîmes une fille au style gothique avec les yeux charbonnés et une bouche bordée de noir. Ray se pencha sur elle pour nous déclarer : « Je suis désolé d'être en retard, mais j'ai dû faire un arrêt supplémentaire. Vick voudra peut-être s'asseoir à ta place », ajouta-t-il à l'intention de la fille.

« Comme tu veux », lui répondit la fille avec une nonchalance étudiée.

Addy et moi remontèrent vite sur le trottoir lorsque la fille fit mine de descendre de la voiture. Son visage m'était pourtant familier, mais je n'arrivais pas à me souvenir où je l'avais vu. Bizarre. Sa tignasse couleur d'ébène semblait ne pas avoir été brossée depuis une semaine. Ses yeux étaient outrageusement noircis au Khôł et elle semblait s'être trempée les lèvres dans un baril de pétrole brut? Cela en avait tout l'air.

Puis, il y avait ces épaules voûtées, le fameux sweat-shirt noir à capuchon et la façon qu'elle avait de regarder le ciel, les poings enfoncés dans les poches de son pantalon noir trop grand. Quel désastre ! Je fus consternée lorsqu'Addy prononça ces mots : « Oh ! mon Dieu ! c'est toi, Tabitha ? »

Sainte Barbe ! Ce désastre ambulant était Tabitha ? Nous nous sommes dévisagées, mes yeux exprimant la consternation, les siens, un profond désarroi. Nous nous sommes regardées ainsi pendant ce qui m'apparut une longue minute. Elle ouvrit finalement la bouche pour lancer : « Ray m'avait dit que cela ne t'embêterait pas que je vienne. »

« Oh! mon Dieu ! » répéta Addy en nous regardant tour à tour, Tabitha et moi. « Hallucinant ! »

Je haussai les épaules. Tabitha Hunter n'était pas une personne que j'aurais choisie pour l'occasion, mais s'il se passait des choses entre elle et Ray, je pouvais m'accommoder de sa présence. « C'est vrai. »

« Veux-tu t'asseoir devant ? » me demanda-t-elle.

Et la fourguer à l'arrière avec la pauvre Addy ? Il n'en était pas question. « Non, ça va. »

« Comme tu veux », dit-elle en haussant les épaules.

« Oh ! mon Dieu ! » s'exclama Addy pour la troisième fois. Mais quel était son problème ? Addy était pourtant délicate. Elle secoua la tête comme si elle voulait chasser un mauvais rêve et fit le tour de la voiture pour y prendre place. Une fois assises à l'arrière, Addy articula silencieusement les mots « Oh, mon Dieu » à mon intention avant de dire tout haut : « Attachez vos ceintures. »

Pendant que je bouclais ma ceinture, Ray se tourna vers nous et demanda : « Que doit-on faire ? »

« Stationne-toi là-bas » lui dis-je en lui indiquant le coin le plus près de l'école, mais éloigné de toutes les sorties. « Quelque part où nous pouvons voir la Mustang », ajoutai-je. Du siège du passager avant, j'entendis Tabitha émettre un long soupir d'ennui comme si j'étais en train de faire la lecture à voix haute de l'annuaire téléphonique.

« Des trucs de cape et d'épée, j'imagine ? »

« Elle a trop vu de films de James Bond », grogna Addy.

Ray sauta sur l'occasion et reprit : « Les règles de *Goldfinger*. »

« Moi, j'ai préféré *Le Monde ne suffit pas*. »

« Pas mal. Ce n'est pas un James Bond classique, mais il n'est pas mal. Qu'en penses-tu ? »

demanda Ray à Tabitha.

Sa réponse ? « Si tu veux. » J'étais heureuse qu'elle n'ait pas oublié le classique haussement d'épaules.

« Les amis », fis-je en m'éclaircissant la gorge.

« Est-ce quelqu'un a pensé à apporter quelque chose à manger ? » demanda Ray en arrêtant l'auto près du conteneur à déchets. À cet endroit, nous avions une vue imprenable tant sur la sortie de la cafétéria que sur la Mustang.

« Il me reste peut-être des craquelins avec du fromage », dit Addy en fouillant dans son sac.

« Heu, les amis », repris-je. Cette expédition était une affaire sérieuse pour moi – ce n'était pas un ciné-club ni un pique-nique. Je m'étais engagée sur une glace mince et je voulais me rendre de l'autre côté de la rive sans problème. « Peut-on se concentrer sur le travail à accomplir ? » Pour une fois, le soupir de Tabitha me sembla fort à propos. « Nous sommes censés faire un peu de filature, et non ... »

« De la filature ? » dit Tabitha d'un ton méprisant.

Ray eut le bon sens de ne pas relever. Addy et moi échangeâmes un regard lourd de sens.

« Le voici ! » annonça Ray en montrant du doigt un groupe d'élèves qui sortaient de l'école.

Addy, Tabitha et moi, nous sommes précipitées comme un seul homme pour lui rabattre le bras.

Mes réflexes étaient les plus rapides, mais comme j'étais la plus éloignée de lui, Tabitha fut la première à l'atteindre : « Sois discret » lui lança cette dernière.

« Il ne faut pas attirer l'attention, Ray, lui glissa Addy à l'oreille. Le succès d'une telle mission repose avant tout sur l'ignorance de la personne prise en filature. »

« Comment se fait-il que tu saches si bien conduire ce genre d'opération ? » demanda Ray, complètement recroquevillé derrière le volant.

« C'est une simple question de bon sens. Tu n'as jamais suivi quelqu'un auparavant ? »

« Je suis entouré d'espionnes professionnelles », gémit Ray.

« Oh, cesse de te plaindre. Vick, que fait-on ? » ajouta Addy en me secouant le bras.

Je lui fis signe de se taire. Toute mon attention était concentrée sur Gio. Comme d'habitude, il souriait de toutes ses dents, probablement en réaction à une blague que l'un ou l'autre des guignols du Key Club avaient faite. J'eus honte. J'aimais tant ce sourire. Comment avais-je pu tomber si bas ? J'étais en train d'espionner mon petit ami. Est-ce que les gens ordinaires s'abaissaient à faire ce genre de choses ? Je parle de ceux qui ne faisaient pas partie de la distribution d'un mauvais téléroman. Il y a longtemps que j'avais compris que je ne faisais pas partie des gens normaux, que je ne m'intégrais pas vraiment. Mais normale ou pas, je conservais de moi-même l'image d'une personne intègre.

Et pourtant ce que je m'apprêtais à faire aujourd'hui était indigne d'une personne intègre. Si je poursuivais sur cette lancée, je mettais en péril toutes mes valeurs.

Comment en étais-je arrivée à le soupçonner de me mentir ? Un seul regard suffisait à comprendre que Gio était un bon gars. Il était adulé par les membres du Key Club ; ceux-ci ne perdaient pas un mot de ce qu'il avait à dire alors qu'il les saluait en se dirigeant nonchalamment vers le stationnement.

Qu'un groupe se dissolve au moment où vous le quittez est un bon indice de votre popularité. Gio était, sans conteste, très populaire.

Quelques filles se mirent à le suivre tandis que d'autres se dirigèrent vers leur bicyclette ou leur voiture. Je ne connaissais personne de ce groupe. Je ne pouvais m'empêcher de repenser à ce que Tyler m'avait dit la semaine dernière. Il avait raison. Je ne connaissais pas le nom de toutes ces filles, mais ces dernières connaissaient le mien.

« Penses-tu vraiment qu'il fréquente l'une de ces Barbies ? » me demanda Ray.

« Non, lui répondis-je d'un ton agacé. Je ne le crois pas, je ne sais pas. »

Si je n'arrivais même pas à verbaliser ce que je pensais, qui d'autre aurait pu le faire à ma place ? « Quel est le topo ? voulait savoir Tabitha. Gio Carson fréquente une autre fille ? »

« Nous l'ignorons », dit cette bonne vieille Addy, toujours prête à se porter à ma défense.

Le soupir qu'émit alors Tabitha, de l'ordre d'une magnitude de 4,5 sur l'échelle de Richter secoua la voiture : « Tout un mélodrame », prononça-t-elle avec conviction.

« Je n'imagine rien ! » protestai-je. Gio adressa un dernier salut de la main aux filles qui l'avaient suivi et se dirigea d'un pas alerte vers sa voiture. J'étais sûre qu'il sifflotait un air. « Il n'est plus le même dernièrement. »

« Ça, je ne peux en juger », déclara Addy qui semblait en proie à un cas de conscience, celui de garder ses lunettes solaires ou de les enlever pour y voir clair.

Ray qui l'observait dans son rétroviseur, en train d'enlever et de remettre ses lunettes solaires, déclara : « Vick a raison. Il n'est plus le même. » Je fus étonnée de recevoir ce soutien. « Il a un comportement bizarre depuis quelque temps. Il manque de concentration, notamment dans les cours de littérature, lui qui avait l'habitude d'être au-dessus de ses affaires. »

Gio ouvrit le coffre arrière de sa Mustang et y jeta son sac à dos et sa main toucha le flanc bleu de sa voiture, la caressa presque. Je me souvins qu'il avait l'habitude de me toucher le flanc de façon similaire.

Étais-je jalouse... d'une voiture ? J'étais après tout peut-être à côté de mes pompes. « Voilà qu'il s'en va », dit Addy lorsque Gio ouvrit sa portière. Son bras décrivit un arc de cercle comme s'il invitait une fille à danser une valse. Puis, il lança un regard à la ronde comme pour s'assurer que personne ne l'observait, s'assit derrière son volant et referma la portière.

Si nous avions tous retenu notre respiration en attendant qu'il parte, nous aurions eu le visage bleui. De notre poste d'observation, il n'était pas facile de voir ce qui se passait à l'intérieur de sa voiture, tout ce que je pouvais déduire à partir de la silhouette que je voyais, c'est que Gio venait de se pencher vers son coffre à gants ou vers le plancher pour y ramasser quelque chose. Il se redressa.

Tout ce que l'on entendait dans la Honda, c'était le frottement du manteau de cuir de Ray contre la banquette en vinyle, quelques soupirs bien sentis de Tabitha et les efforts d'Addy pour s'étirer le cou afin d'avoir une meilleure vue.

« Mais qu'est-ce qu'il fabrique pour l'amour de Dieu ? » fit-elle.

Exactement la question que je me posais. La Mustang rebondissait légèrement de haut en bas, toujours garée dans la partie la plus éloignée du stationnement. La tête de mon petit ami se balançait d'un côté puis de l'autre de façon désordonnée. Gio était-il victime d'un malaise quelconque ? Avait-il besoin d'aide ? Après avoir observé ce manège pendant une longue minute, Ray se décida à abaisser sa vitre d'un centimètre ou deux. Nous entendîmes alors un son sourd de batterie et de basse. « Il semble qu'il aime les *riffs* de guitare », conclut Ray.

Je ne me laissai pas démonter. Après tout, combien de temps un gars pouvait-il rester sur place à écouter du rock ?

De 15 h 45 à 16 h 05, apparemment. Ce fut les vingt plus longues minutes de ma vie. Non pas à cause de mon impatience, bien qu'elle entrât en ligne de compte, mais plutôt parce que pendant cette longue période de temps où Gio tambourinait sur le volant, bougeait la tête et remuait les lèvres comme s'il chantait à tue-tête, je me sentis gênée pour lui. Tout le monde fait des folies lorsqu'on pense que personne ne regarde, n'est-ce pas ? Et il n'y a rien de honteux à le faire. Moi-même je ferme quelquefois la porte de ma chambre, allume la radio et je danse comme une folle jusqu'à l'épuisement.

Et, bien sûr, nous explorons tous nos fosses nasales lorsque nous nous croyons à l'abri des regards.

Et c'est là que le bât blesse. Nous tenons tous pour acquis que personne ne nous observe pendant ces moments où nous nous laissons aller. Voir Gio en train de se prendre pour un des gars de U2 était une atteinte inacceptable à sa vie privée, comme si je l'espionnais alors que son médecin lui demandait de tourner la tête et de tousser ou alors qu'il avait le pantalon baissé pour satisfaire une urgence intestinale. Les autres, à en juger par leur silence médusé, devaient se passer le même genre de réflexions.

Du moins jusqu'à ce que Ray ouvre la bouche pour nous annoncer : « Il me faut ce CD. »

« Il démarre ! dis-je toute excitée, vite, Ray, démarre l'auto. »

« Oui, oui », me répondit ce dernier en tournant la clé d'ignition et en embrayant, alors que Gio exécutait une manœuvre en trois temps jusqu'à ce qu'il soit en face de la sortie. « Ne t'en fais pas, je le suivrai de loin. »

« Mais pas de trop loin quand même, le suppliai-je, il ne faut pas le perdre de vue. »

« Mais pas de trop près non plus. Il faut laisser une certaine distance entre lui et nous. »

« C'est ça. Il faut laisser une certaine distance », répéta Ray.

« Prends garde, s'il nous voit, il essaiera de nous semer. »

« Tu n'as quand même pas l'intention de le poursuivre à toute vitesse ? » s'enquit Ray.

« Vick écoute-toi parler, intervint Addy, tu dis des bêtises. Ne me regarde pas ainsi. Tu sais que j'ai raison. Nous ne devrions pas le suivre. Nous devrions plutôt nous rendre au centre commercial et nous commander un pogo. »

« Hum, un pogo », dit Ray en se léchant les babines.

« Je veux savoir ce qui se passe », répondis-je. La voiture de Gio avait atteint la sortie à quelques dizaines de mètres devant nous. Son clignotant nous indiquait qu'il comptait tourner à gauche. « Si tu ne veux pas venir… ».

« Je suis ici uniquement parce que je suis ton amie et parce que tu me l'as demandé. Je pense que nous devrions changer nos plans et nous rendre au centre commercial. »

« Alors, que fait-on ? » demanda Ray. Nous étions rendus nous-mêmes à la sortie et apercevions toujours les feux arrière de la Mustang au loin.

« On le suit », ordonnai-je.

Pauvre Ray. Je savais que le murmure de regret qu'il émit alors était destiné au pogo que nous ne mangerions pas. « Tu sais, il y a une chanson qui dit que lorsque tu aimes quelqu'un, tu dois le laisser libre », me dit-il tout à trac.

« Où veux-tu en venir exactement ? » lui répondis-je d'un ton irrité.

« Bien, lorsque tu aimes quelqu'un, si tu l'aimes vraiment, tu dois laisser cette personne... ».

« Libre ? On peut dire que ton vocabulaire de poète sert tes propos divinement bien. »

« Ne sois pas sarcastique », lança Addy en regardant au loin. Un demi-kilomètre environ nous séparait de la Mustang, mais la route à cette heure-ci était passablement déserte.

« Je pense que c'est comme les oiseaux de compagnie, dit soudain Tabitha, on peut les enfermer dans une cage, mais ils seront malheureux. Ils aiment avant tout la liberté, n'est-ce pas ? Et s'ils aiment vraiment leur propriétaire, ils ne s'enfuiront pas. Bien sûr, on ne sait jamais avant d'en avoir fait l'essai. En tout cas... », rajouta-t-elle en se croisant les bras.

Ray lui sourit en disant : « C'est tellement bien dit, avant d'ajouter à mon intention, c'est en gros ce que je voulais dire. »

Tabitha avait certainement mis en application le conseil que je lui avais donné samedi dernier, à la fameuse soirée. Elle fit comme si elle n'avait pas entendu le compliment de Ray.

« Et qu'arrive-t-il s'ils s'enfuient ? » lui demandai-je.

« Snif, snif », dit-elle en m'imitant.

« Qui, dites-moi, écoute les paroles d'une chanson ? Et pour votre information, je laisse Gio libre. Actuellement, je ne fais que le suivre à la trace.

Attention, il s'apprête à tourner ! »

« Je vois, dit Ray qui se mit dans le couloir gauche de la route. Je te gage qu'il se rend au magasin de bandes dessinées. Dois-je le suivre dans le stationnement ? Il n'y a pas beaucoup de places libres. »

Je m'efforçai de prendre rapidement une décision. Il n'y avait pas beaucoup de magasins dans ce secteur ; les autres commerces étaient un magasin de portables, une tabagie et une épicerie vietnamienne.

Si nous nous garions de ce côté-ci de la rue, Gio allait forcément nous voir. « Allons stationner de l'autre côté dans le petit centre commercial », lui ordonnai-je.

« Celui où se trouve le café Starbuck ? »

« Un bon chocolat chaud ! » murmura Addy. « Il n'en est pas question », lui répondis-je, cassante.

En passant du côté droit de la rue, j'aperçus les cheveux blonds de Gio. Il sortait de sa voiture, avant que nous nous apprêtions à entrer dans le petit centre commercial. La construction de ce dernier ne datait que de quelques mois, et non seulement comptait-il le seul café Starbuck de toute la région, mais aussi l'une de ces boucheries de luxe ainsi qu'un comptoir de paninis. Les élèves provenant d'un milieu plus aisé se rendaient de ce côté-ci de la rue après les classes, tandis que les maniaques de bandes dessinées allaient de l'autre côté de la rue où se trouvait la librairie spécialisée. Je n'aurais jamais pensé que Gio fréquentait cet endroit.

« Je sors », dit Ray. Il avait anticipé ma protestation et ajouta très rapidement : « C'est mon auto, enfin, celle de ma mère et je dois me dégourdir les jambes. »

Vous savez ce que l'on dit à propos des gens qui ne peuvent mâcher de la gomme et marcher en même temps ? J'étais apparemment comme ces gens car je ne pouvais parler et espionner Gio en même temps. « Ne... t'éloigne... pas trop. » Je prononçai ces mots au moment où Gio se dirigeait vers la boutique de bande dessinée. La seule partie de lui que je voyais était sa tête, un VTT me cachant la vue du reste de son corps et d'une partie de sa Mustang.

J'allais devoir garder un œil sur la calandre du VTT si je voulais que mon enquête réussisse.

Lorsque Ray et Tabitha ouvrirent leur portière et sortirent, l'air frais qui s'engouffra à l'intérieur me revigora. La qualité de l'air dans une petite Honda, fenêtres fermées, où s'entassent quatre personnes, n'est pas particulièrement géniale. « Du mélodrame », entendis-je Tabitha dire une fois de plus, juste avant qu'elle ne referme la portière.

« Oh, mon Dieu », dit de nouveau Addy en me prenant le bras et en donnant à chaque mot de sa phrase une emphase bien particulière. « Qu'en penses-tu ? »

« Je ne sais pas. Il est peut-être allé échanger des DVD... ».

« You-hou. Ici la terre ! » Je détournai les yeux du magasin pour la regarder. « Je ne te parle pas de Gio, je te parle de Tabitha. N'as-tu rien remarqué ? »

« Oui, bien sûr, lui dis-je en reprenant ma surveillance, elle est plus tranchante. »

« Tranchante ? »

« Oui, elle est moins coulante, elle est plus rude. »

« Elle est toi ! »

Addy avait capté toute mon attention.

« Que veux-tu dire, elle est moi? »

« Regarde-la, dit Addy en faisant un signe de la main à Tabitha, elle pourrait être ta jumelle. »

« Quoi ? Ne sois pas idiote… ». La chevelure plus foncée. Le khôl. Les lèvres. Une tenue qui ferait passer en comparaison les acteurs de *L'Étrange Noël de Monsieur Jack* pour une bande de joyeux drilles.

Elle était réellement ma jumelle, ou du moins une sœur qui m'aurait ressemblé en diable. Nous avions toutes les deux une forme de visage en cœur, de grands yeux. N'avais-je pas parlé au cours de la soirée fatidique de mélodrame à répétition ? Elle me copiait systématiquement. « Je ne suis pas si nihiliste ? Dis-moi ? » demandai-je subitement à Addy qui choisit de tourner les yeux vers la vitrine du Starbuck.

« Dis, c'est pas vrai, je ne suis pas comme ça? »

« Bon, reconnut Addy, elle exagère un peu sur les haussements d'épaules et les si tu veux. »

« Je me disais aussi… »

« Par contre, si je devais trouver quelqu'un pour jouer ton rôle au cinéma, je l'embaucherais immédiatement. »

C'est impossible. Lorsque j'observai ma jumelle qui s'appuyait sur le mur de briques tout neuf du café, je vis que Ray avait passé sa main sur son épaule. « C'est une mauvaise blague ou quoi… ».

« C'est la première explication qui te vient à l'esprit, n'est-ce pas ? » Je détachai mes yeux du couple pour regarder Addy avec stupéfaction. « Tu es tellement paranoïaque que tu crois que tout le monde t'en veut. Non, elle ne se moque pas de toi. Tu es si populaire que les gens veulent te ressembler. Peut-être pas à ce point-là, dit-elle en me montrant Tabitha, je te l'accorde, mais tout de même. »

Ma surprise fut totale. Je me sentais à la fois honorée et honteuse. Était-ce ainsi que les gens me percevaient ? Comment se faisait-il qu'Addy ait vu que Tabitha me copiait, alors que moi je n'avais rien vu ? Pourquoi ? Et comment expliquer le changement de comportement de Ray à l'égard de Tabitha qui le laissait, il n'y a pas si longtemps, complètement indifférent ?

« Oh! Vick. »

« Quoi ? Qu'est-ce qui m'a encore échappé ? » dit Addy en secouant la tête, les bras croisés. Je sentais de la pitié dans sa voix. « Tu ne trouves pas un peu bizarre le fait que depuis que Tabitha te ressemble, Ray s'en soit amouraché ? »

« Non, sauf que... » En fait, je voyais ce qu'elle voulait me faire comprendre. « Tu veux dire que Ray aurait des sentiments amoureux envers moi ? dis-je faiblement, comment se fait-il que je ne m'en sois pas aperçu ? »

Elle hocha la tête. « C'est probablement pourquoi il ne t'en a jamais parlé. »

« Ah ! bon. » Cet après-midi devait être un après-midi d'espionnage et non pas une succession de révélations toutes plus étranges les unes que les autres. Tout semblait changer autour de moi sans que j'aie mon mot à dire. J'admets être une personne qui aime tout contrôler, comme tous les magiciens qui se respectent. Nous voulons savoir et gérer tout ce que les gens voient et pensent du tour pendant que nous l'exécutons. Cette fois-ci, j'étais dans la peau du pauvre spectateur qui essayait de comprendre ce qui se déroulait sous ses yeux. J'étais bouleversée. « Devrais-je dire... ? »

« Le voilà ! » dit Addy en m'interrompant. Effectivement, de l'autre côté de la rue, je pouvais voir la tête de Gio qui se dirigeait vers sa voiture. Addy frappa dans la vitre arrière de la Honda pour attirer l'attention de Ray. « Ne lui en parle surtout pas! »

« Je le ferais avec tact. » L'air d'incrédulité avec lequel elle accueillit ma dernière réplique me blessa. « Je peux faire preuve de délicatesse ! »

« Ne lui dis rien. »

Je ne pus prononcer un seul autre mot. Ray et Tabitha revinrent prendre place dans la Honda, apportant avec eux un peu de l'air frais de l'extérieur.

« Très bien », dit Ray en démarrant et en manœuvrant pour sortir du stationnement.

« Il est resté à peine une minute à l'intérieur du magasin », dit Addy.

« Allez, avance... », s'emporta Ray. La fourgonnette, immédiatement devant nous, nous bloquait la voie d'accès et venait d'activer son clignotant gauche. L'heure de pointe avait bel et bien commencé et je compris que nous n'avancerions pas avant un bon bout de temps. Quant à Gio, il avait réussi à tourner à gauche et s'apprêtait à reprendre la route.

« Il va nous échapper ! » criai-je.

« Ne le perds pas de vue », dit Ray en actionnant son klaxon. La fourgonnette ne bougeait toujours pas. « Hé, Madame ! »

« Rentre-lui dedans ! » conseillai-je à Ray.

« Est-ce que tu as ton permis de conduire? » me demanda Ray tout en sachant comme tout le monde que je ne l'avais pas, même si je savais conduire une voiture. « Bon, alors je ne veux plus entendre de conseils comme rentre-lui dedans. »

Les feux arrière de la Mustang disparaissaient au loin. « Nous allons le perdre de vue. »

« Il file au centre communautaire, dit Addy, ne commence-t-il pas à 16 h 30 ? Nous sommes à quoi, à environ un kilomètre et demi du centre ? » Oui, s'il s'en allait vraiment au centre

communautaire, ne puis-je m'empêcher de penser.
« Nous allons le rattraper », rassura Addy.

Je n'en étais pas aussi sûre. Toutes les secondes perdues à attendre derrière cette foutue fourgonnette m'apparurent comme une éternité, mais, ô miracle, elle avança suffisamment pour nous permettre de la contourner.

« Ne t'inquiète pas, me dit Ray, j'ai un plan. »

Le plan de Ray consistait à conduire le plus vite possible en changeant de voie aussitôt qu'il voyait devant lui une voiture qui pouvait nous ralentir et en brûlant systématiquement tous les feux orangés. En d'autres mots, la conduite automobile qu'il adoptait généralement. Je devais avouer que si Tabitha cherchait à m'imiter, elle le faisait beaucoup mieux que moi. Je passai le reste du temps à revivre mon voyage à Disneyland lorsque j'étais enfant et que je visitais la Tour de la terreur, c'est-à-dire à m'accrocher à ma banquette en essayant de ne pas hurler de peur. Quant à Tabitha, elle nous servait un assortiment de soupirs, de longs bâillements ennuyés et de savants coups de crinière pour mettre son visage en évidence. Elle était vraiment très douée.

Le centre communautaire se trouvait à l'autre bout de la route où les restaurants et les magasins devenaient de plus en plus rares et le paysage, de moins en moins urbain et de plus en plus bucolique. Je n'avais pas revu la Mustang depuis au moins une minute, une minute et demie en incluant le temps qu'il nous fallut pour prendre la petite route secondaire. Ray me montra du doigt l'édifice qui venait d'apparaître devant nous. « Tu vois ? dit-il d'un ton triomphant, je te l'avais bien dit que nous le rattraperions ! »

« Tu as raison », fus-je forcée d'admettre. La Mustang de Gio empruntait l'allée la plus reculée pour aller sans doute au stationnement qui devait être situé à l'arrière du bâtiment. Je la vis pendant une fraction de seconde avant qu'elle disparaisse à nouveau.

« Génial ! dit Tabitha d'une voix traînante, laissez-moi récapituler. Nous nous sommes donné tout ce mal pour suivre ton petit ami... au travail ? »

Est-ce que je parlais comme ça aux gens ? Et si oui, pourquoi les gens ne me frappaient-ils pas ? « Stationne-toi à l'avant », ordonnai-je à Ray, ne voulant pas risquer de me retrouver face à face avec Gio. J'avais à peu près épuisé tous les scénarios que j'avais imaginés, je l'avoue. « Nous avons appris beaucoup de choses utiles cet après-midi », répondis-je à Tabitha.

« Comme quoi ? »

Que tu es une frimeuse de première, par exemple. Addy avait dû percevoir l'envie que j'avais de prononcer ces mots, car elle me dit rapidement d'un ton consolateur : « C'est exactement ce que tu souhaitais voir, n'est-ce pas ? Donc, tout est bien qui finit bien, ajouta-elle joyeusement, et je pense que nous avons le temps d'aller manger un pogo ! »

« Ou d'aller au Starbuck ! » dit Ray avec ferveur.

« Non. » Tous les regards convergèrent vers moi comme si j'étais en proie à une folie quelconque. « Nous devons d'abord nous assurer qu'il travaille vraiment. »

« Oh, non ! » soupira Ray.

« Vick », prononça Addy, et sans que j'aie besoin de la regarder, je savais qu'elle avait ce petit air pincé de maîtresse d'école. « C'était amusant. Nous avons joué aux espions. Nous avons suivi ton petit ami jusqu'ici. Nous avons vu qu'il aimait écouter de la musique, seul dans sa voiture. Disons que ça suffit pour aujourd'hui. »

« Je veux savoir s'il fait réellement du bénévolat. Je me fiche d'avoir l'air têtue. »

« Et comment comptes-tu t'en assurer ? » demanda Ray en se tournant vers l'arrière pour me regarder. Le moteur tournait toujours, il était évident qu'il voulait repartir.

« Je ne veux pas le suivre dans les corridors. Je veux simplement que quelqu'un me confirme qu'il travaille bel et bien aujourd'hui. Je sais que cela semble un peu bizarre, mais vous n'avez pas à m'accompagner. Je vais entrer et m'informer au comptoir... ». Comment pouvais-je leur expliquer que je ne me fiais pas à ce que mes yeux voyaient ? Je savais trop bien combien il était facile de les berner.

« Tu n'iras pas à l'intérieur », intervint Addy. Son intervention eut le don de m'irriter au plus haut point, mais je me calmai bien vite lorsqu'elle poursuivit. « J'irai à ta place. Si tu y vas dans l'état où tu es, tu risques de provoquer un drame. Laisse-moi y aller à ta place. » Comme je ne m'y opposai pas, elle défit sa ceinture de sécurité. « Je serai discrète. Il ne saura jamais que nous sommes venus ici. Ensuite, nous irons prendre un chocolat chaud. »

« Ah ! parfait, tu seras discrète ! » reprit Ray.

« Pourquoi pas ? »

« Avec cette tenue violette ? Que va penser Gio lorsqu'on lui dira qu'une fille rousse vêtue d'un manteau violet est venue s'informer à son propos ? Il devinera que c'était toi. »

« C'est vrai, Ray, tu as raison. Je vais y aller moi-même, dis-je en débouclant ma ceinture de sécurité, ça ne me prendra pas beaucoup de temps. »

« Non, c'est moi qui irai, reprit Ray, je suis un gars. S'ils disent à Gio quelque chose, ils lui diront qu'un gars est venu pour le voir. C'est tout. »

« Cela règle la question », dit-il en sortant de la voiture. Nous étions stationnés dans l'entrée en demi-lune devant l'entrée principale du bâtiment. « Cela ne nous prendra pas plus de quinze minutes, n'est-ce pas ? » dit-il en montrant la pancarte de stationnement.

« Non, pas plus », dit Addy.

« Je vais faire vite », dit Ray avant de refermer la portière, plus à l'intention de Tabitha qu'à la nôtre.

« Comme tu veux », lui répondit mon clone en le regardant s'éloigner.

Nous restâmes silencieuses jusqu'à ce que Ray disparaisse derrière les portes de l'entrée principale. Comme Addy me taquinait depuis le tout début à propos de cette malheureuse expédition – ou parce qu'elle me taquinait tout simplement – je me sentis obligée de m'excuser. « Je sais que tu penses que je suis folle, lui dis-je à voix basse pour ne pas que Tabitha m'entende, peut-être que je le suis, mais j'ai vraiment l'impression que Gio me cache quelque chose. »

« Et puis après ? Est-ce que tu lui dis tout ? Absolument tout ? » Qu'est-ce qu'elle voulait insinuer ? Je sentis ma gorge se nouer. Savait-elle que Tyler était venu chez moi trois fois cette semaine ? Ou parlait-elle des milliards de choses que je gardais pour moi ? « C'est frustrant. Je veux que toi et Gio vous régliez vos problèmes, mais je ne vois pas comment cette virée pourra vous aider à le faire. »

Le nœud qui m'étranglait la gorge se déplaça vers mon ventre. Addy ne pouvait pas être au courant des visites de Tyler.

Nous ne faisions rien de mal. Cela se résumait à faire nos devoirs ensemble, à discuter et à regarder un peu de télé. Rien d'autre. Les contacts physiques étaient, bien entendu, inexistants. Je ne lui avais même pas serré la main. Mais que se passerait-il si Gio l'apprenait ? Me donnerait-il droit au bénéfice du doute plus que je l'avais fait pour lui ?

Je restai coite et me contentai d'écouter le ronron du moteur.

Ce fut Tabitha qui brisa le silence : « Le voilà qui ressort ! »

Naturellement, je pensai qu'elle parlait de Ray. Le trottoir était désert. À ma grande surprise, j'aperçus la Mustang bleue qui s'engageait dans l'allée longeant le bâtiment pour aller rejoindre la route. Nous avons, tous trois, vivement baissé la tête, la bouche en forme de « O », lorsque Gio passa à toute allure à environ dix mètres de nous.

« Mais, qu'est-ce… », murmurai-je.

« Oh, la, la », commenta Addy.

« Devrais-je aller chercher Ray ? » demanda Tabitha.

« Nous n'avons pas le temps. » J'avais pris une décision. Vive comme l'éclair, je sortis puis m'installai à la place du conducteur. Mon cœur battait la chamade. Suis-je vraiment capable de conduire ? Je pense que oui. Malgré les protestations de Tabitha et d'Addy, je m'emparai du levier de vitesse et l'enclenchai en marche avant. Ou plutôt ce que je pensais être en marche avant et qui était en fait en marche arrière. « Oups », dis-je en manœuvrant pour faire marche avant.

« Il est hors de question que tu conduises ! Quitte ce siège immédiatement ! » me cria Addy directement dans l'oreille.

« Tenez-vous bien les amies, c'est un départ ! » lançai-je à la ronde. « Ce bout de conduite risque d'être assez chaotique. »

Chapitre neuf

« Ne fais semblant de rien », me dit Addy sur le ton de la conversation comme si les policiers dans l'auto-patrouille pouvaient nous entendre. Même si nos vitres étaient remontées et que sa bouche était à moins de cinquante centimètres de mon oreille, j'entendais à peine ses conseils : « Ne prends pas un air coupable. Sois naturelle. »

Je jetai un œil dans le rétroviseur et lui dis : « Est-ce qu'ils nous regardent ? »

Tabitha se pencha vers l'avant et me répondit : « Celui qui conduit nous regarde en ce moment, il regarde vers l'avant. Il nous regarde encore. »

« Arrête ! lança Addy. Il ne faut pas attirer leur attention au cas où il leur prendrait l'idée de demander à voir le permis de conduire de Vick, ce qu'elle n'a pas. »

« Ils ne nous demanderont pas de nous ranger. Je n'ai commis aucune infraction. »

« À part le fait d'avoir volé une auto », dit Addy.

« Je parle du moment présent. »

« Comme tu n'es pas particulièrement chanceuse ces derniers temps, je voulais tout simplement te mettre en garde. » Je sentis une poussée d'adrénaline m'envahir. La remarque d'Addy me noua l'estomac. Sauter allègrement sur le siège du conducteur m'avait semblé être la solution parfaite – la seule – deux minutes plus tôt. Présentement, j'étais en proie à toutes sortes de doutes, de hontes et de regrets. Lorsque l'auto-patrouille vint se placer à côté de nous au feu rouge, j'eus peur que Ray les eût lancés à notre poursuite. Puis j'eus peur qu'ils m'aient aperçue en train d'accélérer, bien que je n'aie fait que suivre la vitesse moyenne des voitures. Je me dis alors qu'ils me suivaient en fait depuis le soir de la fameuse fête, et j'en étais rendue à me voir en prison lorsque Tabitha interrompit le cours de mes pensées paranoïaques en me demandant : « Au fait, pourquoi n'as-tu pas ton permis de conduire ? »

Au moins c'était une question à laquelle je pouvais répondre avec franchise. « Parce que je n'ai pas encore passé l'examen », lui dis-je en ne desserrant pratiquement pas les mâchoires. J'omis de lui dire que mon père ne pouvait pas se permettre de payer les cotisations d'assurance.

« Comment se fait-il alors que tu saches conduire ? »

« Gio m'a donné des cours. » Pendant l'été dans cette même voiture que nous poursuivions et qui était à deux feux de circulation en avant de nous. « Nous surveillent-ils toujours ? »

Ne regarde pas ! Tout ce que je puis dire à propos du ton sur lequel cette remarque avait été émise, c'est que si l'armée américaine avait besoin de recruter de bons sergents à l'entraînement, ils devraient venir faire un tour à l'école secondaire Millard Fillmore. Le cri d'Addy me cloua sur place. Si elle me l'avait ordonné, je me serais aussitôt mise à faire des pompes au milieu de la route. « Souris. Fais semblant que tu es de bonne humeur et que tout va bien. »

« Mais ce n'est pas vrai ! »

« Fais semblant! » hurla-t-elle. Puis elle se mit à rire comme si l'une d'entre nous avait fait une bonne blague. « Oh! mon Dieu ! pourquoi suis-je ici ? »

Je sursautai à l'écoute d'un bruit qui semblait avoir été scientifiquement formulé pour me faire dresser les cheveux sur la tête. Je me mis à transpirer abondamment et deux secondes plus tard, mon cerveau en avait déduit que nous avions affaire au hululement d'une sirène de police. Pourtant, lorsque je vis Tabitha farfouiller dans sa poche, je compris que le son en question provenait d'un portable à la sonnerie plus qu'insupportable. « Oui ? dit-elle dans le petit appareil, où es-tu ? »

« Le feu de circulation vient de passer au vert », annonçai-je avec satisfaction. Enfin ! Au loin, je voyais la Mustang de Gio qui se remettait en marche. « Surveillez les policiers. »

« Nous avons... déplacé l'auto », dit Tabitha en me regardant pour avoir mon approbation. « Non, nous n'avons pas eu de contravention. Pourquoi... ? C'est Ray », nous confia-t-elle en couvrant de sa main le petit microphone. Non ! Tu me dis pas! « Il nous a entendu parler de policiers et il veut savoir ce qui se passe. »

« Tout va bien ! » criai-je assez fort pour qu'il m'entende en appuyant sur l'accélérateur.

« Ne dis pas que tout va bien quand ce n'est pas le cas », marmonna Addy à mon intention.

« Est-ce que tu surveilles l'auto-patrouille ? » lui demandai-je.

« Oui ! Ils sont dans la voie de gauche et s'apprêtent à tourner. »

À cet instant, j'eus l'étrange impression qu'Addy aurait été heureuse de me voir menotter et amener au poste. Je ne pouvais la blâmer, après tout j'avais commis jusqu'ici un nombre effarant d'infractions à la loi. Je tournai la tête et vis l'auto-patrouille noire et dorée qui s'apprêtait à tourner. Fausse alerte. Du moins, pour l'instant.

« Ray veut te parler. »

Je jetai un regard effaré sur le portable de Tabitha comme si c'était la main d'un gars qui vient d'avouer qu'il ne se lavait jamais les mains après avoir uriné. Mon expérience de conduite se résumait à quelques cours dans le stationnement de l'école durant les mois d'été ou les dimanches dans le stationnement du centre commercial Arcadia, et à deux fois sur les routes très tôt le matin alors qu'il n'y avait que moi et quelques camions de livraison. Je n'avais jamais connu cette longue file d'autos qui s'arrêtent et qui repartent à la queue leu leu. Cette nouvelle expérience rendait mes mains si moites que je pouvais à peine tenir le volant. Et maintenant j'étais censée parler au téléphone tout en conduisant ?... Autant me demander de faire des mots croisés et de siffler un air d'opéra tout en manœuvrant les pédales et le volant. « Je ne peux pas prendre son appel. Désolée, je m'en sens incapable », dis-je en espérant qu'elles n'avaient pas remarqué que j'avais été à deux doigts d'emboutir un camion de journaux.

Je devais avoir l'air très paniquée puisque Tabitha ajouta, en pesant sur un bouton : « Je vais le mettre sur mains libres. »

« Où êtes-vous les amies ? » demanda Ray d'un ton confiant, joyeux et bourru. Je savais que dans quelques instants, ce ton risquait de changer à jamais.

« Nous venons de tourner le coin », improvisai-je. Et nous sommes à un kilomètre et demi du fameux coin. Ce n'était pas un vrai mensonge, n'est-ce pas?

« Il va te tuer », entendis-je en provenance de la banquette arrière.

« Qui va tuer qui ? » questionna Ray dans le petit microphone. « Addy disait qu'elle était excitée que tu appelles. » Je me fichais d'avoir à arracher pour une fraction de seconde mes yeux de la route pour regarder Addy dans le rétroviseur et lui faire comprendre de se taire. « Tu n'as pas vu Gio ? »

« Non, mais il est ici », me répondit Ray tout fier. « Je ne l'ai pas vu, mais il semble qu'il accompagnait quelqu'un à la clinique du centre. Ensuite, la réceptionniste s'est mise à me dire combien tout le monde aimait ce cher petit Gio. » J'avais peut-être mal compris ? Je reportai mon attention sur la route tandis que nous repassions devant le café Starbuck. « Es-tu toujours là ? » entendis-je.

« Ray ? C'est impossible », dis-je en prenant le taureau par les cornes. Chaque seconde nous éloignait de plus en plus du centre communautaire. Devant nous, la Mustang s'engageait dans la voie de droite. « Nous avons vu Gio ressortir quelques minutes après que tu sois entré au centre. »

« Non, c'est impossible. »

« Oui, c'est vrai. »

« Non, c'est impossible. » J'allais lui redire ma petite phrase lorsqu'il poursuivit : « Tu dois avoir vu quelqu'un d'autre, Vick. Les femmes à qui j'ai parlé sont certaines que leur adorable petit Gio était à la clinique. L'une d'entre elles m'a même raconté qu'il l'avait prise dans ses bras et qu'elle lui avait raconté l'histoire de sa recette de tarte à la citrouille qu'elle avait égarée et qu'il lui avait dit... »

Gio ne pouvait pas être à deux endroits en même temps. Que se passait-il ? Les événements prenaient une tournure de plus en plus étrange. Je cessai d'écouter la captivante histoire de la tarte à la citrouille manquante pour me concentrer sur les diverses possibilités :

La Mustang n'était pas celle de Gio. Mais soyons sérieux, quelles étaient les probabilités qu'il y ait dans le stationnement du centre communautaire plus d'une Mustang bleue datant de trois ans ? Enfin...

Celui qui conduisait la Mustang n'était pas Gio. Il aurait pu la prêter à... je ne sais pas, le type qui s'occupe du bingo les mercredis après-midi. Considérant les soins jaloux qu'il prodiguait à son bébé, ce scénario me semblait aussi peu probable que moi posant ma candidature pour être la reine de la promotion.

Je dus donc envisager la possibilité que :

Mon petit ami se soit cloné lui-même pour doubler le nombre de ses activités parascolaires apparaissant sur ses demandes d'inscription à l'université. Est-ce bien vrai ? Est-ce que j'avais embrassé le clone ou le vrai Gio ?

« ...Es-tu toujours là ? » entendis-je Ray à l'autre bout du fil. Il venait de terminer la narration de la tarte à la citrouille et répétait sa question. Le fait de faire trois choses à la fois : écouter son histoire, penser, conduire m'avait fait perdre le fil de la conversation. « Où êtes-vous au fait ? Je suis à l'arrière et je ne vous vois pas ? Klaxonne. »

« Même si je klaxonnais, je ne pense pas que tu pourrais nous entendre », dis-je alors qu'Addy laissait fuser un petit rire amer.

« Pourquoi ? Où êtes-vous stationnées ? »

« Pas trop loin. »

« Tu connais le wagon-restaurant Melody ? » lui demanda Tabitha alors que nous passions devant le petit restaurant argent et blanc pour tourner dans le stationnement derrière le palais de justice de la ville.

J'aurais pu la tuer. « Elle blague ! » criai-je de toutes mes forces. Comme nous étions sur une petite route secondaire, la circulation était beaucoup moins intense. Je pouvais voir au loin la Mustang bleue. Une seule intersection nous séparait.

« Le seul wagon-restaurant Melody que je connaisse est situé... oh ! non, Vick. Qu'est-ce que tu fais ? »

Je ne pouvais répondre. J'essayais de faire comprendre à Tabitha en mimant silencieusement les mots : Ferme-le ! Ferme-le ! Mais elle ne comprit pas que je parlais du portable. « Es-tu en train de me dire de la fermer ? » me dit-elle, outrée.

« Non. »

« Vous... êtes parties... avec mon auto ? Qui est au volant ? »

Le feu vira au rouge. Merci mon Dieu. Je me mis à imiter un bruit de friture avec ma bouche. « Khhhhhhh, KKKhhh, je te rappelle Khhh plus tard. »

La voix de Ray nous parvenait bien clairement et la dernière chose que j'ai entendu avant que j'arrache l'appareil des petites mains aux ongles noires de Tabitha et que je me mette à peser sur tous les boutons était : « Vick, ce vieux truc ne marche même pas au cinéma.. ».

« Tu pourrais le fermer pendant un petit bout de temps », conseillai-je à Tabitha en le fourrant dans le porte-tasse.

« Tu es grossière », me dit-elle. L'avantage avec son nouvel accoutrement, c'est qu'elle n'avait pas l'air de plus mauvais poil qu'avant que je ne vole la voiture de son petit ami.

Nous étions dans l'un des plus beaux quartiers de la ville où habitaient les médecins, les professeurs de l'université locale ainsi que les professionnels qui travaillaient dans le petit centre-ville. L'an dernier, mon père et moi avions visité un soir ce quartier, question de voir les décorations et les lumières de Noël. Présentement, je ne portai aucune attention aux belles pelouses et aux maisons spacieuses ; le monde entier se réduisait pour moi à la distance qui me séparait de la Mustang de Gio. Où diable allait-il ?

J'entendis la sonnerie du portable d'Addy derrière moi. Cela ne pouvait être que Ray. « Je réponds », me dit-elle fermement, un brin arrogante même. Dans n'importe quel autre mélodrame, j'aurais été fière qu'elle tienne tête ainsi au méchant de la pièce. Mais, bien sûr, pour l'instant, c'était moi qui tenait le rôle du méchant moustachu. Je savais qu'avant de rentrer dans ses bonnes grâces, je devrais payer pendant des semaines, voire des mois, pour ce que je venais de faire. Mais ce qui importait présentement, était de garder le cap.

« Tu fais ce que tu veux », lui dis-je.

« Allô ? dit-elle, oui tout va bien. » Sa voix ne fut plus qu'un murmure et elle couvrit sa bouche de sa main. Parfait. Je n'avais pas besoin de cette distraction.

Où allait Gio ? À la limite du quartier où les rues rejoignaient la route principale, Gio tourna et se dirigea vers le nord.

Nous étions à moins de deux kilomètres du centre commercial et la route était bordée de commerces de beignes, de locations de vidéos et de pépinières et, à moins d'un kilomètre, se trouvait le Wal-Mart du coin. C'était une partie de la ville que les gens visitaient s'ils voulaient manger une bouchée ou acheter quelque chose... ou plusieurs choses puisque toutes les grandes chaînes de magasins se trouvaient dans le voisinage. Comme mon budget était assez limité, je ne venais pas très souvent dans ce coin de la ville. Au moins la route était plus large ici – quatre voies de chaque côté du terre-plein – et je pouvais espionner Gio en toute impunité alors qu'il se dirigeait vers l'ouest. « Ray fait dire qu'il n'est pas fâché, m'annonça Addy avant de reprendre sa conversation, oh voyons, tu n'es pas fâché, non », lui dit-elle. Puis, elle ajouta à mon intention : « Il veut que tu lui remettes la voiture de sa mère. Jusqu'où allons-nous ? »

Je n'en avais aucune idée. Ne savaient-ils pas que la situation était aussi difficile pour moi que pour eux ? Peut-être pas. J'accélérai pour passer le feu orange avant de répondre : « Dis à Ray que je suis désolée et dis-lui que... merde ! »

« Ton message n'est pas vraiment au point. »

Addy avait raison, mais ce n'était pas à elle que je m'adressais. Je venais de perdre la Mustang de vue. Une vague de panique s'installait. Qu'allais-je faire maintenant ? « Je ne le vois plus », annonçai-je. Si je m'arrachais les cheveux à cet instant, est-ce que les élèves de l'école penseraient que c'est un nouveau style ?

« Non, il vient de tourner ici », dit Tabitha en me montrant du doigt une entrée pas très loin de nous.

« Pourquoi tu ne le disais pas plus tôt ? »

« J'étais certaine que tu l'avais vu toi aussi ! » dit-elle en ronchonnant

« Je ne lis pas dans les pensées, moi ! » dis-je avant de m'excuser de cette saute d'humeur.

« Ray me dit qu'il aura des problèmes s'il ne rentre pas dîner chez lui. »

« Est-ce que tu paies pour toutes les secondes que tu passes au téléphone ? » demandai-je à Addy en engageant la voiture dans l'allée.

« Non, j'ai un forfait », me répondit-elle l'air sombre.

« Le voilà », fit Tabitha en le montrant du doigt. Nous garâmes la voiture dans un petit centre commercial délimité à une extrémité par une immense quincaillerie et à l'autre par une animalerie géante. Entre les deux, une multitude de petites boutiques. Gio passa devant ces boutiques sans s'arrêter puis se dirigea vers la ruelle située au centre.

Nous arrivions à la fin du périple, j'en étais certaine. L'arrière du centre commercial était un cul-de-sac. Je ne voyais que des boîtes de carton empilées pour le recyclage, des conteneurs et une roulotte abandonnée. À quelques mètres de là, la Mustang bleue était stationnée parmi quelques dizaines de voitures.

Ignorant l'affiche qui interdisait le stationnement à cet endroit, je garai la Honda et sortit de la voiture. « Attendez-moi ici », dis-je à mes deux malheureuses victimes.

« Oui, comme tu as attendu Ray », me dit Addy.

Addy était fâchée, je le sentais. Tabitha n'avait pas l'air plus heureuse d'être en ma compagnie, quoiqu'avec son nouveau maquillage à la Vick, j'avais plus de difficulté à déchiffrer son état d'âme. « Fais ce que tu veux », répondis-je à Addy.

La voiture était si chaude que je fus surprise par la température glaciale qui régnait à l'extérieur. Je venais à peine de refermer la portière lorsque j'entendis une autre s'ouvrir. Addy sortit et se plaça à mes côtés en secouant ses longs cheveux roux. Elle tenait toujours son portable à la main, bien que la communication avec Ray soit coupée. Allait-elle me sermonner encore une fois ?

Nous nous regardâmes sans prononcer un mot. Je m'apprêtais à partir lorsqu'elle se décida à parler. « Nous t'attendrons. Tâche de faire vite. »

Je hochai la tête : « Merci. » C'était ce qui s'apparentait le plus à une bénédiction de sa part. Avant de s'asseoir à l'avant, Addy saisit mon bras et le serra. J'appréciai son geste qui me donna le courage de faire quelques pas et de m'engouffrer dans la ruelle à la poursuite de Gio. De l'arrière, il était presque impossible de distinguer à quelles boutiques ces portes correspondaient. Seuls les numéros d'immeubles phosphorescents apposés sur les portes les différenciaient.

Le bruit d'une porte qui s'ouvrit en grinçant m'incita à me cacher derrière l'un des conteneurs placés vis-à-vis des portes.

Le son qui me parvint ressemblait plus aux effets spéciaux dans les films de maison hantée qu'un bruit habituellement entendu au cœur de la banlieue commerciale. J'entendis des éclats de voix près de l'endroit où était stationnée la Mustang.

Je me rapprochai en me faufilant derrière le conteneur le plus près. J'entendais distinctement la voix enrouée d'un grand fumeur qui disait : « Mark ne travaille pas aujourd'hui. Pourrais-tu rester jusqu'à 21 h ce soir ? »

« Oui, bien sûr », répondit une voix que je savais être celle de Gio, j'ai besoin d'argent ces temps-ci. »

Je perçus l'odeur forte d'une cigarette qui fume. Quel que soit l'homme plus âgé qui fumait, il venait sûrement d'éteindre car j'entendis le frottement d'une semelle sur l'asphalte. « Ma femme me dit que je devrais arrêter. C'est une habitude difficile à briser. Tu travailles avec Shelley ce soir, ça te va ? »

Qui était cette Shelley ? « Oui, bien sûr. »

« C'est une bonne fille. Elle t'admire. Bon, rentrons à l'intérieur. J'ai déjà quelques livraisons de prêtes. » J'entendis des pas puis les gonds de la porte qui grinçaient. J'attendis quelques minutes, mais je n'entendais plus rien. J'étais seule.

Bon. Une heure d'espionnage pour en arriver à ce résultat. Je n'étais pas plus avancée. Cet entretien signifiait sûrement quelque chose, mais je ne savais pas quoi.

Est-ce que Gio s'adonnait à des activités illicites ? D'où l'utilisation du terme livraison ? Est-ce que je devenais complètement paranoïaque et à bout de nerfs ? Après tout, la plupart des centres commerciaux n'étaient pas habituellement des lieux de couverture pour le commerce de la drogue.

Je sortis de ma cachette et je m'approchai de la porte brune qu'ils avaient laissée légèrement entrouverte. Tout ce que je voulais, c'était jeter un coup d'œil à l'intérieur, puis retourner rapidement à la voiture et tenter d'analyser le tout. C'était ce que j'avais en tête. Mais lorsque je fus près de la porte, elle s'ouvrit à toute volée et faillit me heurter de plein fouet. Je me cachai à l'ombre du mur de briques, en me sentant comme la souris qui vient de se faire coincer dans la cuisine par de gros chats affamés. « Je vais m'occuper d'abord des livraisons dans l'ouest de la ville », dit Gio en se dirigeant vers sa voiture. Bien qu'il me fasse dos, je pouvais voir qu'il portait des boîtes plates dans les bras. Il avait troqué ses jeans bleus et sa chemise rouge pour des jeans Levis 501 noirs, un polo assorti et une casquette noire. Il portait les mêmes vêtements que lorsque je l'avais aperçu au centre commercial quelques semaines plus tôt. Il était accompagné d'une fille d'à peu près la même taille que moi qui était dotée des attributs qui me faisaient si peur : jolie, bien tournée, tout à fait le genre de fille normale qui lui convenait. Toutes à mes pensées, je n'avais pas remarqué qu'ils étaient habillés de la même façon. « Puis nous irons jusqu'à l'avenue Trenton avant de revenir ici. »

« Ça me va », lui répondit la fille.

« Tu as les coupons... Vick ? » Je figeai sur place en l'entendant prononcer mon nom. J'étais pourtant certaine de pouvoir me défiler sans qu'il me voie. Pourquoi avait-il prononcé mon nom ? Et surtout, pourquoi avait-il adopté ce ton si coupable en le prononçant ? « Oh ! mon Dieu ! » dit-il avant de s'esclaffer de rire, me rendant encore plus confuse. Il s'adressait à une personne qui se trouvait de l'autre côté du conteneur. « C'est fou comme tu ressembles à quelqu'un que je connais ! »

Cette personne s'avança et entra dans mon champ de vision. Pendant une fraction de seconde, j'eus l'impression de me voir dans un miroir, puis je compris que la personne en question était Tabitha. Même Gio s'était laissé abuser. « Elle ressemble beaucoup à Vick. C'est hallucinant ! » ajouta la fille.

Tabitha détourna son regard du couple tout de noir vêtu et me fixa : « Addy m'a dit de te dire qu'elle a dû déplacer l'auto, dit-elle avec prudence, un policier est venu nous avertir que nous étions dans une zone d'arrêt interdit. »

Je sentis un frisson dans le dos lorsque je vis Gio se retourner lentement vers moi. Je voulais fondre sur place comme une glace au soleil. Je voulais courir me cacher le plus loin possible, me désintégrer en millions de particules en ne laissant rien d'autre sur place que mes vêtements.

Que Tabitha s'empresserait sûrement de ramasser d'ailleurs. Je décidai de faire face à la situation. Je croisai les bras et fixai Gio dans les yeux. « Vick », dit-il complètement estomaqué de me voir.

« Merci Tabitha », dis-je en me raclant la gorge pour paraître en contrôle. « Dis à Addy que vous pouvez aller rejoindre Ray. Je reviendrai par mes propres moyens. »

Pendant une seconde, j'ai cru qu'elle allait laisser tomber ce personnage sombre et lourd qu'elle s'amusait à jouer depuis le début de l'après-midi ;

j'avais vraiment l'impression qu'elle allait commettre l'irréparable et se jeter dans mes bras. Elle choisit, peut-être à cause du message télépathique que je tentais de lui communiquer avec l'énergie du désespoir, de simplement se retirer.

Durant cet échange, Gio avait les yeux fixés sur moi. Je fis deux pas vers lui en reluquant les boîtes que Gio et la fille transportaient. « De la pizza ? » lui demandai-je. Il hocha la tête, l'air piteux. Je tenais le haut du pavé. « Tu travailles comme livreur de pizzas ? » Il hocha de nouveau la tête.

« Je t'attends dans la voiture », dit la fille en me jetant un coup d'œil nerveux. Elle savait qui j'étais, bien que je ne la reconnaisse pas du tout. Ce dont je n'étais pas fière.

Sans rien d'autre entre nous que beaucoup de mots non dits, je m'avançai d'un pas vers Gio. « Pourquoi m'as-tu... ? »

Je secouai la tête : « Là n'est pas la question. »

Il eut la décence de montrer quelques remords et balbutia : « Oui, je sais. »

« Donc, pendant tout ce temps, dis-je de cette voix qui me venait lorsque nous avions nos petites conversations intimes, dans les bras l'un de l'autre, tu ne faisais pas de bénévolat, tu travaillais ? »

« Vick, ma voiture me coûte très cher. Plus que le montant que j'ai avoué avoir payé à mes parents. J'avais besoin d'argent... »

J'ignorai le ton suppliant de sa voix et élevai la mienne. « Tu as fait tout ça pour une voiture ? » J'aurais dû m'en douter. Les gars et leurs bagnoles. Une partie de moi était si blessée que je n'arrivais pas à contenir mon amertume. « Tu m'as menti pour conserver ta voiture ? »

Il était maintenant sans défense. Totalement vulnérable. Je n'avais jamais vu Gio si misérable. « Vick, s'il te plaît... ».

« Je ne comprends pas. Comment peux-tu être ici et en même temps au centre communautaire ? Ils pensent que tu es à la clinique à l'instant où l'on se parle ». Il détourna la tête. « Comment fais-tu ? As-tu un frère jumeau ou as-tu convaincu quelqu'un de faire du bénévolat à ta place? Tu travailles ici pendant qu'un autre fait du bénévolat en se faisant passer pour toi ? » Sa mâchoire se contracta. « C'est ça ? J'ai raison ? Quelqu'un te remplace au centre communautaire pour que tu puisses amasser tes crédits. N'importe qui peut prétendre être Gio Carson puisque personne au centre communautaire ne te connaît. Qui est-ce ? »

« Est-ce l'un de tes copains de sport ? Non, ils n'arriveraient pas à enjôler les vieilles dames du centre. La personne doit être quelqu'un qui fait ce que tu lui demandes pour te faire plaisir. L'un de tes nombreux fans ? » Je vis que j'avais fait mouche, puis je compris de qui il s'agissait. « Le petit Tony. C'est lui, n'est-ce pas ? »

« C'était son idée. Quelle différence y a-t-il entre mon travail et le tien ? »

Il venait de dépasser les bornes. J'étais folle de rage. « Qu'il s'agisse de son idée ou non, tu t'es prêté à ce jeu sans te demander si tu avais raison de le faire. Il ne t'est jamais venu à l'esprit que tu l'exploitais parce qu'il t'idolâtrait ? Parce que tu étais populaire et qu'il voulait lui aussi le devenir ».

« Ce n'est pas ainsi que cela s'est passé, me dit-il d'un ton suppliant, écoute-moi. »

« Je ne veux pas en parler pour l'instant », lui répondis-je. J'étais au bord des larmes, mais je ne voulais pas pleurer devant lui. « Tu as gardé ce secret pour toi. Tu n'as même pas le droit de travailler. »

« Quand pourra-t-on en parler ? » me demanda-t-il. Je savais qu'il s'apprêtait à contre-attaquer. « J'aimerais le savoir. Qui es-tu pour parler de secrets ? Tu es la personne qui se confie le moins que je connaisse. J'ai souvent l'impression de parler à un mur de briques », dit-il.

« Si je ne te dis pas tout, c'est parce que je ne veux pas t'embêter avec toutes mes broutilles. Ni toi ni personne. Es-tu en train d'essayer de me faire passer pour la vilaine ? C'est toi qui ne m'as rien dit à propos de... ».

« En quoi le fait de ne pas te confier mes secrets est-il si grave dans mon cas et pas dans le tien ? » Cette dernière attaque me prit par surprise et je restai de longues secondes sans répondre. « Tu vois ? Quand vas-tu enfin t'ouvrir et te confier à moi? »

« Parfait, lui dis-je, tu veux savoir ? On m'a imposé la visite d'une travailleuse sociale qui se fera un plaisir en voyant le bordel dans lequel je vis, de recommander que je sois placée en foyer d'accueil. Si, bien sûr, mon père ne décide pas sur un coup de tête de quitter la ville avant, en me traînant avec lui, sans que je ne puisse jamais te revoir. » Un mur de briques, moi ? Je vais tout lui dire et voir comment il réagira. « Tu veux savoir comment je me sens lorsque tu te promènes au bras d'une jolie fille qui te convient mieux que moi ? » Mes mots fusèrent avec une férocité bien dosée.

« Une travailleuse sociale ? » me demanda-t-il d'un ton peiné.

« Je t'avais prévenu que tu ne voudrais pas le savoir », lui répondis-je, sarcastique.

« En as-tu discuté avec ton père ? »

« Non ! Nous n'abordons jamais ce genre de sujet ! Nous n'avons jamais parlé de mon emploi au magasin et j'y travaille depuis trois mois. Mais au moins il sait que je travaille, ce qui n'est pas le cas de tes parents. »

Ses yeux se révulsèrent. « La fille qui te ressemble... », dit-il en me montrant l'endroit où se tenait Tabitha.

Je ne voulais pas que la conversation prenne cette tangente. « Son idée... Je devais me trouver un travail parce qu'avec son emploi à temps partiel, le loyer acquitté, nous n'avions pas assez d'argent pour couvrir certains frais comme l'électricité et la nourriture. C'est pourquoi je ne vais pas au cinéma et au restaurant depuis plusieurs mois. J'ai même une carte qui me donne droit à des repas gratuits à la cafétéria. Wow ! »

« Oh ! mon Dieu ! » s'étonna Gio. J'avais peut-être lancé trop de briques dans sa direction ; il avait l'air complètement abattu. « Pourquoi ne m'as-tu rien dit ? »

« Peut-être que je me serais confiée à toi si tu avais été là », lui répondis-je, glaciale.

« Tu es injuste ! Tu as eu de nombreuses occasions de me parler. Je t'ai même demandé si tout allait bien. » Je penchai la tête. Je savais qu'il avait raison.

« N'as-tu pas suffisamment confiance en moi ? C'est ça ? Ou peut-être pensais-tu que j'allais prendre mes jambes à mon cou si tu m'en parlais ? Tu as toujours cru que nous n'allions pas faire long feu, toi et moi. » Comment osait-il se montrer aussi ouvertement sentencieux alors que c'était moi qui avait toutes les raisons de lui en vouloir ? « À quoi ça sert de parler puisque tu as déjà mis une croix sur moi dans ta tête. »

« C'est faux ! lui criai-je, archifaux ! »

« Vraiment ? me répondit-il le visage congestionné. Dis-moi, n'as-tu jamais pensé que notre histoire prendrait fin lorsque je partirais pour l'université ? »

« Toi, manifestement, tu l'as pensé! » lui rétorquai-je.

« Non, c'est faux, dit-il fâché. Tu as toujours considéré que notre couple avait une date de péremption, c'est-à-dire à l'automne. C'est beaucoup plus facile de mettre une croix sur notre couple que de te ressaisir et de voir si nous pouvons envisager l'avenir ensemble. C'est plus facile pour toi de me dire adieu et de recommencer avec un autre. Fatiguée d'un jouet ? Et hop, nous en trouvons un nouveau. C'est ça, n'est-ce pas ? »

Notre dispute se résumait à cette dernière question. Il n'y avait personne d'autre. Vraiment ! Que pensait-il savoir ? Je n'avais pas la force de lui demander. Le plus triste, c'est que je n'en éprouvais même pas l'envie. Peut-être avait-il raison. Notre couple avait une date de péremption qui était depuis longtemps dépassée. Instinctivement, mes mains tentèrent de saisir mon pendentif en quartz. Bien sûr, il n'y était pas. Je ne le retrouverais probablement jamais.

« Je ne t'ai jamais traité comme un jouet. Je ne t'ai jamais considéré comme ma possession. » La voix avec laquelle je venais de prononcer ces mots, m'effraya. J'avais l'impression qu'elle appartenait à une possédée du démon, juste avant qu'elle vomisse des trucs verdâtres et qu'elle se mette à défenestrer les prêtres qui l'entouraient. « C'est plutôt ta façon d'agir que la mienne. Tu n'es qu'un enfant gâté. » Son visage était aussi fermé que le mien. « Tu as toujours eu tout ce que tu voulais, des jeux vidéo, des DVD, des voitures, des amis, des admirateurs et même moi. »

« J'ai trav... »

« Ne me dis pas que tu as travaillé pour avoir ces choses. Nous savons, toi et moi, que tu n'as pas travaillé pour amasser ton certificat. » Il baissa la tête, honteux. « Qu'as-tu promis à Tony pour qu'il te remplace? Des tours en Mustang ? »

« Je lui ai dit qu'il pouvait passer tout le temps qu'il voulait avec moi. » Ah, la fameuse popularité, cette monnaie d'échange que j'espérais ne jamais avoir à manipuler pour le reste de ma vie. « Je lui achetais des bandes dessinées que sa mère lui interdisait d'avoir. Il se rendait à la librairie après l'école, se choisissait une bande dessinée que je payais lorsque j'allais le chercher pour l'amener en voiture au centre communautaire. » Il m'implora alors de ses deux mains. « Je sais que c'était stupide. Mais, tu connais mes parents. Tu sais la pression folle qu'ils me mettent sur les épaules ! »

Oui, je le savais mais je lui coupai tout de même la parole : « Je m'en vais », lui dis-je en tournant les talons. « Vick, dit-il d'un ton suppliant, ne me fais pas ça. »

« Je suis comme je suis, lui répondis-je en lui décochant un dernier regard, occupe-toi de tes pizzas, Gio. »

Je l'entendis m'appeler une dernière fois avant que je contourne le conteneur et revienne au stationnement. Je glissai sur le coin d'un carton et heurtai mon poignet sur le mur de briques; la douleur que j'éprouvais me donna une excuse pour justifier les larmes qui coulaient de mes yeux. Une partie de moi espérait qu'Addy soit restée à m'attendre malgré mes instructions. Hélas, elle n'était pas là, mais au moins Ray n'était plus à se morfondre au centre communautaire à propos de la voiture de sa mère... dans laquelle je n'aurai probablement plus l'occasion de me déplacer, même si je remplissais le compartiment à gants de barres Snickers. Ravalant mes sanglots, je déambulais sans but dans le centre commercial lorsque j'aperçus un téléphone payant.

Je composai ce numéro de téléphone que j'avais mémorisé depuis moins d'une semaine. « Oui ? » entendis-je à l'autre bout du fil.

« J'aurais besoin que tu viennes me chercher, dis-je en m'efforçant d'effacer les sanglots dans ma voix, peux-tu m'aider ? »

« Bien sûr, répondit Tyler. Dis-moi où tu es et je viens tout de suite. »

Chapitre dix

« Fais-moi un dernier tour », me demanda Martina sur un ton suppliant. Du moins, elle fit sa demande sur un ton qui, pour elle, s'approchait davantage d'une supplique – avec une moue boudeuse, les poings sur les hanches. Dans d'autres circonstances, je l'aurais même trouvée mignonne. « Dis ouuuuuui ! » Travailler avec des jeunes avait certains avantages, lorsque quelque chose leur plaît, ils n'hésitent jamais à montrer leur enthousiasme.

Les plus jeunes du moins. Lorsqu'ils vieillissent, ils deviennent comme moi : des tombes qui préféreraient se faire couper un bras plutôt que d'avouer qu'ils ont été touchés par quoi que ce soit, et ce, même aux dépens de leur intérêt. « Désolée, ma vieille, lui dis-je en ouvrant la porte du réduit pour prendre mon manteau, je suis sur mon départ. »

« Déjà ? Il est seulement midi et demi ! » se plaignit-elle.

« J'ai des choses à faire », lui répondis-je. Comme la maison à nettoyer de fond en comble afin que la travailleuse sociale n'ait pas l'impression, lors de sa visite prévue la semaine prochaine, d'atterrir dans le seul bordel de la ville. Et le faire de telle sorte à éviter d'éveiller les soupçons de mon père. « Je serai ici demain à partir… »

Elle ne me donna pas la chance de finir ma phrase. « Un seul ! »

Je soupirai. Monsieur Shecter m'avait donné la permission de partir plus tôt ; il ne s'attendait pas à ce que je reste pour faire plaisir à une cliente de onze ans qui, jusqu'ici, avait dépensé la somme mirobolante de sept dollars soixante-quinze cents depuis deux mois. Mais, elle venait pour me voir. Même si je n'avais pas le cœur à la fête, je lui devais au moins cela. « D'accord, un tour, un seul. Veux-tu que je refasse celui du crayon à travers la carte ? »

Elle grimaça.

« Tu n'as pas encore trouvé la solution, n'est-ce pas ? »

« Non. » Son entêtement me soutira un sourire de satisfaction. « Mais je vais trouver. De toute façon, je ne veux pas que tu me fasses un tour. Je veux te montrer ce que je sais faire. »

Cela devenait beaucoup plus intéressant. Trente secondes plus tard, nous étions devant le comptoir des accessoires de magie. « Comme tu peux le constater, dit-elle en brandissant un bout de facture que je venais de lui donner, nous avons ici un papier tout ce qu'il y a d'ordinaire. »

« Oui, parfaitement. » Je retournai le bout de papier qu'elle venait de me tendre pour l'examiner de plus près. Que je vienne de le lui donner quelques secondes plus tôt n'avait aucune importance, ce qui comptait c'était qu'elle puisse pratiquer l'interaction avec son public.

« Avec ces ciseaux tout à fait normaux, je vais maintenant couper… » Le visage de Martina était tout à fait concentré lorsqu'elle qu'elle plia le papier en deux avant d'y découper un demi-cercle dans la partie rabattue, à l'aide des ciseaux que j'avais pris dans le présentoir d'à côté et dont les anneaux étaient recouverts de fausse fourrure rose.

Elle me montra alors le papier avec un trou à peu près rond au milieu. Elle cessa de se mordre les lèvres pour m'annoncer : « ... un trou parfaitement ordinaire. »

Je hochai la tête. Elle était, comme l'aurait qualifiée la Tabitha Hunter première mouture, tout à fait adorable.

« Je vais maintenant réaliser un exploit si extraordinaire que vous n'en croirez pas vos yeux ! déclara-t-elle avec emphase. D'abord, j'aurais besoin d'une carte à jouer. » Elle ajouta, en chuchotant : « J'en ai une dans ma poche, si tu veux. »

« Parfait, merci », lui répondis-je sur le même ton pendant qu'elle me tendait la carte discrètement. « Oh ! Martina ! N'est-ce pas extraordinaire ! J'ai ici une carte à jouer », dis-je en sortant la carte de ma chemise.

« Merci madame, dit Martina en la prenant. J'aimerais, madame, que vous passiez cette carte à travers le trou sans plier la carte et sans déchirer le papier. »

« Laissez-moi voir... ». Je pris les deux objets et les examinai avec grande minutie. « La carte est plus large que le trou », dis-je en plaçant la carte qui dépassait de chaque côté de l'ouverture d'un bon centimètre. Je tentai néanmoins d'y glisser un coin de la carte. Impossible. J'aimais ce tour surtout à cause de l'expression de joie pure entremêlée d'un peu d'effroi que je devinais sur le visage de la petite fille. Je me souvenais avoir éprouvé autrefois ce sentiment lorsque j'exécutais des tours de magie. J'avais l'impression alors que tout ce qui n'allait pas dans ma vie s'effaçait comme par magie... « Je ne peux plier la carte ou déchirer le papier. C'est ça ? » Elle hocha la tête. « Et si je déchirais la carte en petits morceaux pour les passer à travers l'ouverture ? »

Le regard qu'elle me lança me fit penser au lancer des couteaux. « On n'a pas le droit de déchirer quoi que ce soit. »

« Beaucoup mieux », lui dis-je en lui donnant les accessoires. « Il faut parer à toutes les éventualités car les gens cherchent toujours le maillon faible. »

« D'accord », dit-elle en acceptant mon commentaire. Puis, reprenant son numéro, elle déclara : « Impossible, dites-vous ? Regardez ! »

Elle replia le papier pour que le cercle soit en demi-lune et inséra la carte par dessous. En se servant de ses doigts, elle glissa en premier la partie gauche du papier plié, et ensuite la partie droite par-dessus les bords de la carte un peu à la façon dont on enfile un chandail par-dessus les épaules et les bras. La règle disait de ne pas plier la carte, mais ne parlait pas du papier ! « Incroyable ! » lui dis-je en applaudissant. « Bravo ! »

Elle salua à la ronde, magnanime. « Tu connaissais ce truc, avoue. »

C'était vrai. C'était l'un des tours les plus simples que j'avais appris dans mon premier livre de magie. Pourquoi tout gâcher en le lui disant ? Mais, à bien y penser, pourquoi lui mentirais-je ? Je pris une décision rapide. « Oui, c'est vrai, lui avouai-je. Mais c'est la meilleure prestation que j'aie jamais vu. Comme je connaissais le truc, j'ai pu me concentrer sur ta présentation. Tu as un sens inné de la scène. Tu as fait de l'excellent travail. »

L'avais-je blessée en lui disant la vérité ? Elle réfléchit quelques instants au compliment que je venais de lui faire, puis je vis un léger sourire apparaître sur ses lèvres.

Je savais que lorsqu'elle serait seule, elle repenserait avec bonheur à ce compliment.

« Allez, viens », dis-je en lui montrant la sortie, je t'accompagne, j'ai un autobus à prendre. » Je sus que j'avais eu raison de lui dire la vérité quand je la vis se mettre à sautiller à mes côtés jusqu'à la sortie.

L'arrêt d'autobus le plus près de chez moi était plus simple que ceux qui étaient situés près du centre commercial ou de mon école qui, eux, avaient de jolis auvents et des bancs où l'on pouvait s'asseoir. L'arrêt près de chez moi se résumait à un panneau cabossé soutenu par un poteau plus tout à fait droit depuis qu'une voiture l'avait embouti, il y a de ça quelques années. Derrière, se trouvait une vieille station d'essence qui avait fermé ses portes bien avant que nous emménagions dans le quartier. La pluie fine qui perdurait depuis le matin rendait le tout encore plus déprimant. L'endroit parfait pour installer une immense affiche sur laquelle on aurait écrit : BIENVENUE DU MAUVAIS CÔTÉ DE LA VOIE FERRÉE.

Et juste en dessous de ce qui aurait dû soutenir cette immense affiche, se trouvait Tyler Woodwell. Lorsque je m'apprêtai à descendre les marches du bus, je vis qu'il m'attendait, les mains profondément enfouies dans ses poches de jeans comme si le gros chandail à col roulé qu'il portait ne suffisait pas à le réchauffer. Sa sempiternelle casquette avait disparu. Une flopée de boucles rebelles lui couvraient le front et les oreilles. Lorsque je sortis, je le regardai, sans savoir pourquoi il était là à m'attendre et si j'étais contente de le voir. « Bonjour », me dit-il.

« Bonjour », lui répondis-je. Je ne savais trop que penser et surtout ce que je ressentais. Je lui avais dit que je prenais congé cet après-midi-là pour faire du ménage. Il n'était pas là pour m'espionner, je ressentis aussitôt chez lui cette espèce de désespoir qui fait qu'on a envie de s'accrocher à une autre personne. Puis, comme il habitait non loin de chez moi, il n'avait pas eu à faire un grand détour. Je ressentais en fait un léger élan de joie à voir un visage familier, entremêlé d'une certaine tristesse de savoir que j'allais le contaminer avec ma déprime. « Comment se fait-il que tu ne portes pas ta casquette pendant la journée la plus froide de l'année ? »

« Il faut bien que je la lave de temps à autre. »

« Tu m'en diras tant ! » lui répondis-je en lui faisant signe de me suivre.

Nous marchâmes en silence, ni l'un ni l'autre n'éprouvions le besoin de parler pour dire n'importe quoi. C'était assez agréable, en fait, compte tenu de mon humeur plutôt cafardeuse.

Il devait avoir lu dans mes pensées. Après avoir tourné le coin, il se racla la gorge avant de dire : « J'ai quelque chose à te dire mais avant, je voudrais savoir si tu es toujours vraiment fâchée contre tu sais qui… ».

« Tu peux dire son nom, voyons. »

« Bon. Carson »

J'aimais bien Tyler et je voulais que notre amitié perdure. Est-ce que je ne mettais pas cette amitié en danger en lui parlant de ce qui me préoccupait ? Gio m'avait dit ce qu'il pensait à ce sujet. Je décidai de m'exercer un peu sur Tyler en lui racontant ma matinée avec Martina : « Il y a cette petite fille de cinquième année qui vient souvent me voir au magasin », les mots me venant très lentement au début, « ce matin, elle a fait un tour de magie devant moi… mais, que voulais-tu me dire, au fait ? »

« Rien. Continue… ».

Au moins, il ne se dérobait pas. Encouragée par son attitude, je plongeai : « Bon, le tour qu'elle a fait était élémentaire. Je veux dire que c'était moins un tour de prestidigitation qu'un problème pour aiguiser l'esprit. Lorsqu'elle s'est exécutée, elle était si concentrée que même si je connaissais le truc, je retenais mon souffle en espérant qu'elle réussisse sa démonstration. Lorsqu'on assiste à un tour de passe-passe, tout ce que l'on veut, c'est que le magicien réussisse son tour. Même si le magicien est mauvais au point d'échapper ses accessoires, tu veux quand même qu'il réussisse, n'est-ce pas ? »

« Oui, dit Tyler, c'est difficile de voir quelqu'un qui rate son coup. »

« Non seulement cela, mais tu veux croire que le tour qu'il te présente est vrai. Tu veux croire, l'espace de quelques secondes, que ce n'est pas de la magie ». Je m'apprêtais à lui révéler des choses un peu embarrassantes, du moins pour quelqu'un comme moi.

« Tu veux croire qu'il est possible de transcender les limites d'une petite vie ennuyeuse et routinière et de créer quelque chose qui soit, tu sais, vraiment magique. »

« Comme l'amour. » Je sursautai à cette réplique en pensant qu'il n'avait pas suivi mon raisonnement. Ces mots étaient les derniers que je m'attendais à entendre sortir de sa bouche. « Un peu comme l'amour », répéta-t-il sans me regarder. Nous continuâmes à marcher en silence en joggant pour éviter une voiture. « Tu veux croire que c'est possible, dit-il, tu veux croire que ce n'est pas un tour, mais quelque chose de bien réel même quand tu sais que ce ne l'est pas ».

« Oui. C'est la même chose que je ressens avec... » Ce n'est que lorsque je vis son beau visage si tourmenté que je compris ce qu'il tentait de me dire. Nous ne parlions pas de la même chose. Moi, je parlais de Gio, et lui, d'un autre couple. « Oh ! Tyler », lui dis-je d'une voix pleine de tristesse.

Il secoua la tête et attrapa une feuille qui restait accrochée à un buisson. « Laisse tomber », me dit-il.

« Toi et moi… ».

« Je t'ai dit de laisser tomber », dit-il en portant ses mains à sa tête comme s'il avait l'intention de rabattre sa casquette sur ses oreilles. Un mouvement qu'il transforma en fermant les poings et en les fourrant dans ses poches. « Je n'aurais jamais dû te dire tout ça. »

J'adoptai un ton léger pour lui dire : « Nous sommes des amis, tu as le droit de dire ce que tu veux. » Malgré ma permission, il resta silencieux.

« N'en fais pas tout un plat, tu sais que je t'aime bien. »

« Mais tu n'es pas amoureuse. »

Je cherchai mes mots. Je n'aimais pas la tournure que prenait cette conversation. J'aurais pu le planquer là, devant la maison qui jouxte la mienne, et courir me réfugier chez moi. Mais, d'une certaine façon, je trouvais que Tyler méritait plus que ça. De plus, je ne pouvais répondre à sa question par un non catégorique. Je me retournai pour lui faire face : « Gio et moi avons toujours des choses à régler », avançai-je prudemment.

« Il t'a menti, Vick », dit-il. Je pouvais déceler la douleur derrière chaque syllabe.

« Je n'ai moi-même pas été toujours franche avec lui. »

« Il a prétendu faire du bénévolat. » Je sentis mon cœur battre un peu plus rapidement en l'entendant le dire à voix haute. Et comme s'il avait capté ma réaction, il ajouta : « Je n'en parlerai à personne parce que tu me l'as demandé. C'est simplement une chose à laquelle il faut penser. »

« Ne sois pas si désespéré, le suppliai-je. Je ne t'ai pas rejeté. »

« Ce n'est pas le rejet qui fait le plus mal, Vick. Je peux survivre au rejet. Ce qui est plus difficile à gérer, c'est l'espoir », dit-il en s'éclaircissant la voix à plusieurs reprises pour maîtriser le serrement à la gorge que je n'entendais que trop bien. « C'est l'espoir qui me déchire. »

Je fus si stupéfaite de son honnêteté que je ne pus que le regarder sans rien dire. Depuis des mois, j'avançais avec Gio sur des chemins à vrai dire cahoteux, puis, tout d'un coup, je me mis à imaginer faire un bout de chemin avec Tyler. Serait-ce plus facile ? Je sentis mon estomac se nouer à cette pensée. Est-ce une route que je voulais prendre ?

« Vick ? » entendis-je derrière moi. Je me tournai. Gio s'avançait vers moi, un balai à la main. Le seul fait de penser à lui avait-il suffi à le matérialiser ? Non, les autres étaient là aussi, rassemblés sur le porche de ma maison. Addy, Brie, Dorie, Des, Tony, la chose sombre connue sous le nom de Tabitha... Tous, ils étaient là, ainsi que certains amis de Des et de Dorie, ils étaient tous là à m'attendre.

Je regardai tour à tour Tyler et Gio et je sus alors que j'étais en pays inconnu. « Salut Woodwell », dit Gio avec l'expression de quelqu'un qui venait de manger un citron.

« Salut Carson », lui répondit Tyler sans effusion.

Je paniquai. Est-ce que Gio avait entendu notre conversation ? « Que faites-vous là, les amis ? » dis-je en bégayant. Bien que je n'aie jamais rien fait de mal avec Tyler et que je n'aie jamais été déloyale envers Gio, j'avais l'impression de l'avoir trompé. Peut-être à cause de la vision furtive du chemin où Gio ne m'accompagnait pas ou à cause de notre dernière dispute, je ne sais pas. Tout ce que je savais, c'est que je rougissais et que tout le monde pouvait le voir. « Nous sommes tous venus pour t'aider », dit Gio. Dire que j'étais bouche bée est trop faible. J'aurais eu besoin d'un immense attirail en métal pour retenir ma mâchoire.

« Tyler m'a dit que tu comptais faire un grand ménage aujourd'hui, dit Gio, et j'ai demandé aux amis de venir ». « J'ai pensé que tu aurais besoin d'aide, ajouta Tyler, j'ai essayé de te prévenir mais, comme tu sais, notre conversation a pris une autre tournure. »

Je le fixai, à la fois consternée et admirative. Il avait organisé tout ça pour moi ? « Tu n'aurais pas dû », dis-je comme dans un rêve au ralenti. Les mots mirent une éternité à sortir de ma bouche. Pendant ce temps, Addy et Ray piquaient à travers la pelouse mouillée et se dirigeaient vers nous. Addy avait à la main un plumeau d'époussetage et Ray portait une ceinture porte-outils garnie d'une foule de produits d'entretien ménager. « C'est mon problème », dis-je en regrettant immédiatement mes mots. Ce n'était pas vrai. N'avais-je pas eu ma leçon ? Je devais m'efforcer d'aller vers les autres et de les accepter dans ma vie. Je me repris : « Je ne veux pas vous imposer… »

« Vick », dit Ray, une main appuyée sur le Windex et l'autre sur le Bon Ami, « tais-toi. »

« Vraiment », dis-je en élevant la voix à la vue de l'air triomphal d'Addy, « mon père… ».

« Ton père est en train de faire une sieste, dit Addy, nous ne ferons pas de bruit. »

« Je suis sûre que vous avez autre chose à faire que de passer l'après-midi dans notre bordel ».

« Vick ? dit Addy du même ton qu'avait utilisé Ray auparavant, regarde, nous avons envie de pleurer… ».

S'ils se transformaient tous en clone de Tabitha, je ne répondais plus de mes actes. « Les clés, s'il te plaît », me dit Ray en tendant la main.

Que pouvais-je faire ? Je les lui remis avec la conviction profonde que mon père allait se réveiller et se retrouver dans une maison transformée, les vitres étincelantes et d'après ce que je voyais dans les mains de Tabitha, un rideau de douche tout neuf ainsi qu'une nouvelle descente de bain. L'endroit serait éventuellement assez propre pour convaincre la travailleuse sociale que je ne courais aucun danger d'attraper la lèpre ou le choléra. « Merci les amis », dis-je en essayant de retenir mes larmes.

Addy me donna une brève accolade et m'asséna un coup de plumeau sur les fesses : « Allez, nous t'aimons bien nous aussi. » Elle se pencha si rapidement vers moi que je crus un court instant qu'elle allait me donner un baiser sur la joue. Mais je l'entendis me murmurer à l'oreille : « Tu veux me faire plaisir ? Parle à Gio. Du moins, écoute ce qu'il a à te dire. Promis ? »

J'opinai puis haussai les épaules. Je devais avoir l'air de quelqu'un qui voulait rentrer sous terre. C'était exactement ce que je ressentais. Comme ils avaient les clés, tous disparurent dans la maison. Comme s'ils répondaient à un sifflet à ultrason. Étrange. Tyler me regarda et me sourit avant de disparaître lui aussi dans la maison. J'étais extrêmement touchée par son geste. Je restai seule avec Gio.

Allait-il s'excuser ? Devrais-je faire les premiers pas ? Allais-je être la première de nous deux à dire quelque chose que j'allais regretter amèrement un peu plus tard ? Non, je ne regrettais pas ce que je lui avais dit l'autre soir. Ces mots venaient du cœur. Je regrettais que tous ces événements se soient produits, par contre. J'étais à m'inquiéter du fait que ma méfiance ait été notre pierre d'achoppement, mais apparemment, notre manque mutuel de confiance avait débuté depuis bien longtemps déjà. Je savais pourquoi Addy m'avait demandé de rester en sa compagnie; j'aurais préféré mille fois m'éloigner de lui plutôt que de deviser sur ce que j'allais bien pouvoir lui dire.

Je me raclai la gorge. Il fourra ses mains dans ses poches. Certaine que je devais être la première à parler, je m'apprêtais à lui dire : « Donc... », tout en ne sachant absolument pas ce qui allait suivre.

Gio me tendit sa main droite. Je reconnus immédiatement la pierre rose : mon pendentif en quartz. Il tourna la tête. « Nous l'avons retrouvé coincé derrière le coussin du sofa en cuir, dit-il d'une voix rauque et tendue. Nous n'avons jamais retrouvé la chaînette. J'en ai acheté une autre. J'espère qu'elle te plaît ? » Son ton de voix s'adoucissait jusqu'à devenir un murmure : « Est-ce que tu le veux toujours ? » dit-il lorsqu'il constata que je ne faisais aucun geste pour le prendre.

« Oui », dis-je en tendant la main. Il laissa la pierre tomber dans ma main ouverte. J'étais si contente de retrouver mon pendentif. Je sais que dans les films, les femmes lancent toujours très loin les bijoux qui leur ont été offerts par leur ex-petit ami, mais je n'en avais pas la moindre envie. Mon premier instinct fut, je l'avoue, de le remettre à mon cou.

Comment Gio interprétait-il ce geste ? Que signifiait cette impulsion que je venais d'avoir ?

« Je sais ce que tu penses, dit-il en remettant ses mains dans ses poches, tu penses que je ne m'en sortirai pas à si bon compte. Tu avais raison, je suis un enfant gâté. »

« Gio. » Je ne supportais pas l'idée qu'il puisse se flageller avec un mot que j'avais lancé sans trop y penser. « Je ne voulais pas dire... »

« Oui, c'est ce que tu penses, énonça-t-il tranquillement, et tu as raison. » Un long silence suivit pendant qu'il cherchait à reprendre sa contenance. Il me regarda enfin et dit : Je cherche à réparer mes erreurs. »

« Parfait », dis-je en mettant mon pendentif dans la poche de mon manteau. « Merci. »

« Oublie le pendentif, c'était la moindre des choses. Ce dont je parlais, c'était du centre communautaire. J'ai été arrogant de penser que j'allais pouvoir berner tout le monde et m'en sortir sans une égratignure. J'ai donc amené le petit Tony avec moi et je leur ai tout avoué. » Je sifflai entre mes dents. « Oui, reprit-il, ce fut assez pénible mais pas aussi pénible que d'avouer la chose à mon père et à ma mère. »

« Oh ! mon Dieu ! », dis-je en imaginant fort bien le feu d'artifice. Les Carson considéraient leur fils Gio comme un être parfait, sans faille.

« Oui, surtout qu'ils ne voulaient pas que je travaille pour que je puisse mieux me concentrer sur mes études », dit-il en regardant au loin. J'ai quitté mon emploi et je m'apprête à vendre ma Mustang. »

Aie. Ce coup était sûrement le plus dur pour lui. La Mustang avait été ma rivale, mais je n'avais jamais souhaité ce qui lui arrivait présentement. Même si j'avais souvent rêvé qu'elle se fasse écraser par un piano ou par une avalanche de pierres. « Je suis vraiment désolée », lui dis-je, sincère.

« Dis-moi, Vick, comment ai-je pu me comporter d'une façon aussi débile. Tout était si simple, avant. »

« Je sais, mais tu n'es pas le seul à t'être conduit d'une manière débile. Tu n'as pas volé de voiture comme moi, que je sache. » Apparemment, ni Addy ni Ray ne lui avait raconté mon dernier exploit. « Oublie ce que je viens de dire. »

« Donc, toi et Tyler... ? dit Gio d'une voix étranglée, je sais que ce n'est pas de mes affaires... »

« Assez Gio. Non. » Je ne savais pas ce qui m'irritait le plus : qu'il me le demande ou qu'il pense que j'allais lui répondre.

« Tu me le dirais s'il y avait quelque chose entre lui et toi, n'est-ce pas ? »

Il me regarda et je le fixai sans dire un mot jusqu'à ce que Brie fasse une apparition sur le perron pour secouer ce qui me semblait être le tapis devant la télé. Elle tendait le cou dans l'espoir d'entendre des bribes de notre conversation. Finalement, je tournai de nouveau mon regard vers Gio et lui dis en ayant la pénible impression d'être complètement incohérente : « Ce silence ne signifie pas ce que tu penses. » L'espoir n'était peut-être pas en fin de compte la pire émotion du monde. Gio semblait accablé de chagrin. Il n'avait jamais eu de talent pour le poker.

Il hocha la tête. « Même si c'était vrai, je ne pourrais te blâmer. Il n'est pas aussi bien que moi, mais... C'est une blague, Vick », dit-il avec un certain sourire.

Je n'arrivais pas à prendre les choses aussi à la légère que lui. « Excuse-moi », me dit-il.

Comme elle n'avait pas vu de geste annonciateur d'une réconciliation ou d'une rupture, Brie, qui nous observait depuis le perron, décida à contrecœur de rentrer dans la maison, probablement pour raconter aux autres le peu qu'elle avait vu ou entendu. « Sommes-nous toujours ensemble ? » me demanda-t-il.

« Je ne sais pas », lui répondis-je tristement.

Ma réponse ne sembla pas le satisfaire. « Sommes-nous oui ou non encore ensemble ? Désires-tu être avec quelqu'un d'autre ? Tyler, par exemple ? »

« Gio ! » criai-je, excédée. Comment voulait-il que je réponde à ses questions alors que je n'arrivais pas à répondre à celles que je me posais moi-même ? « Je ne sais pas ce que je veux. Comment veux-tu que je sache quand je ne sais même pas si je serai encore là le mois, ou même la semaine prochaine ? Supposons que mon père décide qu'on déménage demain au Nevada. Ne comprends-tu pas ? » Je n'avais jamais été aussi désespérée de ma vie.

« Ton père est déprimé depuis la mort de ta mère », dit Gio. Vraiment ? Comme si je l'ignorais. « Peut-être que le fait de déménager lui donne l'illusion qu'il peut repartir à zéro ailleurs. Comment réagissais-tu lorsqu'il t'annonçait un déménagement ? » Je levai les bras au ciel : « Je déménageais ! Bon Dieu ! Tu parles comme si j'avais le choix ! »

« Tu ne lui disais pas que tu ne voulais pas déménager ? »

Sa remarque me consterna. Bien sûr que je ne lui avais jamais rien dit de tel. Dans toutes les villes où nous avions habité, j'étais Vickie la timide, le souffre-douleur des autres élèves. J'avais hâte de partir et de recommencer ma vie ailleurs. Pourtant, aujourd'hui, ce n'était plus le cas. Je ne voulais pas partir d'ici. « Non, je ne lui disais rien. »

« Cette fois-ci, tu devrais le lui dire, Vick. » Pendant qu'il parlait, j'avais enfoui ma main dans ma poche pour caresser mon quartz. Toutes sortes d'émotions tourbillonnaient en moi. « Comment ton père peut-il savoir ce qui te tient à cœur si tu ne lui dis pas ? » La douleur se fit plus intense et mon estomac se noua. Mon cœur battait à tout rompre. « Je ne parle pas de nous. Je parle des amis qui t'entourent. Parce que tu es bien ici, n'est-ce pas ? Pour une fois, dis-lui ce que tu penses vraiment. »

Je relevai lentement la tête, les mains croisées sur mon estomac. J'avais reconnu l'émotion qui me faisait si mal ; c'était l'espoir. « Penses-tu qu'il m'écouterait ? »

« Il n'y a qu'une façon de le savoir et c'est de lui parler », dit-il d'un ton si confiant et débonnaire que j'eus envie de le prendre dans mes bras. Je résistai pourtant à la tentation. Je n'étais pas le genre de fille à faire des gestes si spontanés. Tant pis, advienne que pourra, pensai-je en m'élançant vers lui. Je pense que Gio fut littéralement estomaqué lorsque je lui pris les épaules et lui fis le plus gros câlin qui soit.

J'avais vu, grâce à Tabitha, le côté sombre de Vick et cette vision à peine entrevue me donnait la force d'oser montrer mes sentiments. « Que me vaut l'honneur ? » dit-il en essayant de reprendre son souffle.

« Simplement pour te remercier de croire qu'il est possible d'avoir tout ce que tu veux en ce monde. »

« Oh ! » dit-il.

Je voyais naître l'espoir dans son expression. Gio aimait les dénouements heureux. Toutefois, je n'étais pas tout à fait prête à faire la paix, pas encore. « À plus tard, je te promets que nous allons parler, mais j'ai quelque chose d'urgent à régler avant de perdre les pédales ou avant qu'il ne soit trop tard », lui dis-je en me dirigeant vers la maison.

Il hocha la tête, heureux. Ce bon vieux Gio, c'était peut-être vrai qu'il voulait que l'on reparte sur un meilleur pied. Quant à Tyler, c'était lui qui avait tout organisé dans sa grande bonté. Et Gio et Tyler voulaient, tous deux à leur façon, mon bien. Mais auparavant, je devais trouver une solution à mes problèmes et je savais que je devrais faire des choix difficiles. Vaut mieux avoir des choix, même difficiles, que pas de choix du tout.

À l'intérieur, je pouvais entendre Brie, Addy et Ray en train de se disputer à propos de la pile de menus de restaurant qui reposait sur le micro-ondes. Je leur dirai plus tard de les jeter. Je devais d'abord parler à mon père. Lui confier que malgré tout ce qui m'arrivait, je n'avais pas envie de partir d'ici et de déménager à nouveau. Je voulais que l'on recommence une nouvelle vie, lui et moi, ici, dans cette petite ville de rien du tout où, pour la première fois de ma vie, j'avais des gens que je voulais conserver dans ma vie.

Devant la porte de la chambre, une des amies de Dorie était en train d'enlever les feuilles mortes d'une plante araignée géante qui aurait dû mourir de sa belle mort depuis longtemps déjà. Elle leva les yeux et sursauta comme un lapin effrayé. « Bonjour », lui dis-je gentiment sans pouvoir mettre un nom sur ce visage très doux. « Tu es… ? »

« Désolée », dit-elle rapidement comme si je m'apprêtais à lui dire tu es dans mon chemin espèce de tarée.

« Non, je voulais simplement connaître ton prénom. »

La triste vérité étant que je ne m'étais même pas donné la peine de l'apprendre. Avec un peu de chance, elle croirait que je l'avais momentanément oublié. Étais-je en train d'utiliser le mensonge diplomatique ? Oui. « Anne », répondit-elle. Elle ressemblait à l'idée que je me faisais des Anne. « Mon Dieu, c'est ça, Anne », dis-je en lui souriant. À partir d'aujourd'hui, je ne serai plus une personne qui traverse la vie en s'attendant à ce que tout le monde connaisse mon prénom sans que je me donne la peine de retenir celui des autres. Gare à vous, la partie submergée de l'iceberg, Vick Marotti, a l'intention de connaître chacun d'entre vous et de retenir votre prénom.

Même si je risquais de devenir un peu populaire. De la bonne façon, cette fois.

Le petit lapin me fixait toujours d'un regard effaré. « Bien, Anne, lui dis-je, à compter de ce jour, considère que j'ai officiellement une dette envers toi. » Elle opina du bonnet et détala comme un lapin afin de me laisser seule.

Seule était un bien grand mot, considérant que dans chaque pièce de cette maison, il y avait plusieurs personnes qui m'aimaient. Tyler et Gio s'étaient concertés pour me le rappeler. Il était grand temps que j'en fasse part à mon père. Je pris une profonde respiration et frappai à sa porte. « Papa ? » dis-je en tournant la poignée. Les premiers rayons de soleil de l'après-midi filtraient à travers les stores. « Papa, je dois te dire quelque chose… »

Il était temps de voir certaines vérités en face. Il était temps de parler.